THE ROAD OF CHINA

日本人には決して書けない

中国発展のメカニズム

程天権・著

中西真・訳

目次

はじめに

程天権

一九二一年から二〇一一年にかけて、中国の革命、建設、改革は九〇年の道のりを歩んできた。一人の人間にとって九〇年という時間は全生涯であるかもしれない。しかし国家あるいは民族にとってこの九〇年という時間は、長い歴史の流れの中の、あまりにも短いひと時にすぎない。仮にこの九〇年という時間を中華民族五〇〇〇年という文明史の中に、あるいは中華民族復興という未来の中に置いたならば、それはほんの一瞬でしかない。しかしこのあまりにも短い一瞬が、特筆すべき一瞬でもあるのだ。

この九〇年間に中国共産党は、人民を率いて中華民族の歴史的飛躍を三度成し遂げた。

——一度目の歴史的飛躍は、中華人民共和国を打ち立てたことである。この飛躍は中国共産党結成後、新中国成立前の二八年間に成し遂げられた。この二八年間、中国共産党は人民を率いて北伐戦争、土地革命戦争、抗日戦争（日中戦争）、そして解放戦争（中国の第三次国内革命戦争）を経験し、日本軍国主義の侵略を阻止し、国民党の反動的統治を覆し、新民主主義革命の任務を果し、そしてついに中華人民共和国を築き上げた。こうして近代以来、中華民族が夢にまで見た民族の独立、人民の解放は成し遂げられた。中華民族の発展はここから新たな歴史が始まり、中国現代化の歴史もまた新たなページを書き加えることとなった。

――二度目の歴史的飛躍は、斬新な社会主義制度を構築したことである。それはおよそ三〇年の時間を費やした。新中国成立後、中国共産党は人民を率い創造性をもって社会主義改造を行い、新民主主義から社会主義への変革を実施した。そして社会主義基本制度を全面的に確立し、世界人口の四分の一を占める東洋の大国は社会主義社会に突入した。社会主義制度の確立後、毛沢東を核とする共産党の中央指導者第一世代は、中国の国情に適合する社会主義建設の道を真剣に模索し実り豊かな成果を収め、社会主義事業を大いに促進した。経済・文化の立ち遅れた中国が社会主義を打ち立てたことは、中国の歴史上最も広範囲で、最も深遠な社会変革、歴史的大飛躍であり、世界の社会主義事業を支持し大いに推し進めるものでもあった。

――三度目の歴史的飛躍は、中国の特色ある社会主義建設の前途を切り開いたことである。中華民族の偉大なる復興に正しい道を切り開いたこの飛躍もまた、およそ三〇年の時間を費やした。一九七八年に開催された党の第十一期中央委員会第三回全体会議が指摘する通り、中国は改革開放および社会主義現代化建設の新時代に突入した。長きにわたる社会主義建設を基礎として、国内のみならず世界の歴史的経験を総括し、苦しみに満ちた模索を経て改革開放という新政策を実施し、社会主義初級段階における党の基本理念、基本路線、基本綱領を確立し、中国の特色ある社会主義の理論体系を構築した。世界の社会主義は甚だしく曲折し、国内外の情勢は予測不能なほど急激に変化するといった中、中国共産党は時代の激しい流れにあってもその信念を断固として守り抜き、孤独な戦いを勝ち抜いた。そしてついに社会主義はこの中国で生き生きとした活気と活力を解き放った。

これら三度の歴史的飛躍によって中国社会に未曾有の大変化が生じた。私たちは半植民地・半封建社会から社会主義へ、計画経済体制から社会主義市場経済体制へ、閉鎖・半閉鎖から全方位的解放へという歴史的転換に成功した。こうした一〇〇年の模索を通し、中国は勤勉聡明の精神、不断の努力、謙虚な心でもって世界に学び、ついに中国の特色ある発展の道を歩きだすことに成功した。この道は中国の国情と世界の潮流に合致しており、人民の心からなる支持を得た。

中国共産党は人民を率いて九〇年にわたる苦しい戦いを勝ち抜き、輝かしい成果を勝ち得た。その内容は以下の通りである。

――われわれは「人民民主専政（人民民主独裁）」的国家政権を打ち立て、数千年にわたる封建的専制政治から人民民主主義政治へと大きな一歩を踏み出した。

――われわれはほぼ完備された独立的国民経済システムを構築し、経済の実力と総合的国力は目に見えて強化された。われわれはわずか半世紀という時間でもって、経済的貧窮や文化・技術面の立ち遅れといった旧態依然の中国を変革し、あらゆる領域を網羅する現代的工業システムを構築した。

――われわれは社会主義的文化を絶え間なく発展させ、全人民の思想・道徳・教育・科学・文化に関する民度を継続して高め、世界に対して中華民族の精神を示した。

――われわれはかつての、諸民族がばらばらになっていた状態に終止符を打ち、国家の完全な統一と、過去に例を見ない諸民族の団結を実現した。香港やマカオは祖国復帰を成し遂げ、全民族の抱き続けてきた願いはついにかなえられた。両岸（台湾と大陸）同胞間の交流は絶え間なく深められ、台湾問題は解決し、祖国の完全統一は必ずや実現するであろう。

――われわれは独立自主的な平和的外交政策を堅持し、強いものが弱いものを虐げるような覇権主義、強権政治に断固として反対してきた。多くの発展途上国の正当な権益を守るため尽力し、国際政治、国際経済の公正かつ合理的な新しい秩序を生み出し、世界の平和と発展に寄与する崇高な事業に重要な貢献をなしてきた。社会主義国中国の国際的地位および国際的影響力は日増しにその勢いを増している。

――われわれは自身による党の建設を絶え間なく強化し、党組織は強大化し、その執政力は高まり続けている。一九二一年成立初期にはわずか五〇人ほどであった中国共産党が九〇年を経た今日、中国全土を執政して六十数年になる、八千万人強の党員を抱えた、巨大政党へと成長した。こうして中国人民は、成長し続ける社会主義的祖国の民となった。

こうした事実が証明している通り、中国共産党は偉大・栄誉・正確なマルクス主義政党の名に恥じない、また中国人民を率いて絶え間なく新事業を開拓する核心的パワーと呼ぶにふさわしい政党となった。

この九〇年、中国は人民を率いて革命・建設・改革を実施し、豊富な経験を積み重ねてきた。この九〇年にわたる経験の蓄積は次の事を私たちに告げている。

――マルクス主義を中国の具体的な実際と結び合わせ、マルクス主義的中国への改革を継続して推進することが中国の革命・建設・改革に勝利をもたらす強力な武器となる。

――思想の解放や、事実に基づいて事実を求めることを重視し、全ては現実を出発点とし、勇気と知恵をもってわが道を歩み続ける、これが堅持すべき重要な原則である。

――厖大な人民の利益を具体化し、厖大な人民の利益を生み出し、守り、増やし、そして厖大な人民に依拠することが、敵に打ち勝ち勝利を収める力の源である。

――生産力の解放・発展を継続し、国家の総合的国力を強化し、経済・政治・文化・社会といったあらゆる方面の発展を推進することは、今も昔も変わらない中国共産党の担うべき重要な使命である。

――独立自主的な外交政策を一貫して堅持することは、中国の国際的地位を高め、国際的影響力を拡大するための重要戦略である。

――自身による党の建設を絶え間なく強化・発展させ、党の先進性を維持し、党の執政力を絶え間なく向上させることは、中国共産党が強大に成長し続けるための偉大なプロジェクトである。

ここ数年、私は視察、客員訪問、学術交流のために度々海外を訪問した。政府要人や学者との談話の際、彼らが最も関心を示すのが「中国はどうして成功したのか?」、「中国経済が継続的に成長する根本的要因は何か?」、「中国発展の道の特色は一体どこに表れているのか?」といった内容であった。彼らのほとんどが中国に対する自身の「無知」を率直に認め、このような「無知」のゆえに中国に対して抱いているさまざまな偏見を包み隠さず言い表す。しかし彼らは皆、中国の経済・社会発展に大きな関心を示している。彼らが特に望んでいることは、彼らが興味を抱いている多くの問題に対して中国の学者が徹底した研究を行い、その成果を彼らにフィードバックすることだ。海外で幾度となくこうした質問を受けているうちに、中国発展の道について研究した専門書を著したいという思いが私の中に芽生えた。そしてこの本が以下の目的を達成できることを熱望している。一、近代以降の中国について、とりわけ中国共産党成立以来の九〇年にわたる曲折について、あらゆる方面からもう一度思い起こすこと。そして中国の特色ある社会主義の道をどのように歩んできたのか、その特色は一体どういった方面に表れているのか、について明確にすること。二、改革開放によって勝ち得た輝かしい成果を系統立てて総括し、このような成果をもたらした具体的な要因について徹底的に分析すること。三、わが国の改革開放において蓄積された貴重な経験をつぶさに調べ、学術的見地からこれらの経験に対して踏み込んだ分析を行うこと。四、中国が今後の発展において直面するであろう困難や課題について研究し、私たち学者の考える意見と対策を提案し、それが党と国家の戦略策定の一助となること。

本書は多くの方々の協力によって完成した。本書の討議に関わり執筆に当たってくださった方々は以下の通りである。賀耀敏教授、徐志宏教授、鄭水泉教授、張宇教授、楊光斌教授、楊鳳城教授、洪大用教授、斉鵬飛教授、李宝俊教授、呉美華教授、秦宣教授。また李家福博士は本書の執筆、編集に関し、きめ細かな取りまとめをしてくださった。

中国共産党にとってこの九〇年は、マルクス・レーニン主義と中国の実践を相互に結びつけ、真理を求め続け、刷新を推し進めてきた九〇年であった。また民族の解放、国家の富強、人民の幸福のため、歯を食いしばり戦い抜いてきた九〇年、そして歴史的使命を完遂するため試練に耐え続け大きな発展を遂げた九〇年でもあった。こうした九〇年の変遷は一冊の本あるいは幾編かの文章によって描ききれるものではなく、革命・建設・改革の力の源である厖大な中国人民の方が、私たちよりももっと深く心と体で理解しているであろうことを私たちは知っている。また中国共産党がこの九〇年に蓄積してきた貴重な経験は、短期間に数人の努力によって系統立てて総括できるようなものではないこともよく理解している。なぜならば厖大な中国人民が改革開放の中で生み出した新しい事物、新しい経験は実際とても豊かなものであるからだ。私たちはただこの努力を通して私たち自身、そして中国の発展に関心を寄せておられる方々が、中国発展の道をさらに深く理解することができ、またさらに多くの方々が中国発展の道に関する研究に参加されることを望むばかりである。

序章　中国現代化の幕開と歴史的選択

中国社会主義の建設と探索（一九四九〜七八年）

一九四九年一〇月一日、新中国の誕生は中国の歴史における偉大な転換点となった。それは半植民地・半封建社会の終わりを、新民主主義から社会主義への転換を告げている。一九五〇年代における政治上の最も重要な出来事は、中国が社会主義の道を選択し、そして社会主義への偉大な転換を行ったことだ。

1．新生中華人民共和国の地盤固め

新生中華人民共和国の地盤固めと建設は、中国人民および誕生したばかりの人民政権にとって最も重要な課題であった。政治面では政権を奪取したばかりで、まだ多くの地域では「人民政府（地方国家行政機関）」が構築されていない、あるいは今まさに構築中であり、また台湾を含む一部の地域はいまだに解放されていない。経済面では帝国主義、封建主義、官僚資本主義の長期にわたる搾取と略奪、そして一二年におよぶ戦争がもたらした破壊と損害により、国民経済全体は壊滅状態にあった。国際面では欧米諸国が中国での失敗に懲りず始終時機をうかがい、中国に対する政治干渉、軍事威嚇、経済封鎖を強化していた。

このような厳しい情勢下にあって、誕生したばかりの中華人民共和国を守りその地盤を固めるため、また迅速に国民経済を回復するために、わが国はさまざまな運動を展開し、粘り強く勇敢に戦った。各級人民政府を構築しそれを揺るぎないものとし、土地改革運動を展開した。財政・経済の根本的建て直しのため一連の措置を採択し、党内の気風を粛正する政治キャンペーンを展開した。「抗米援朝、保家衛国（アメリカに抵抗し、朝鮮を援助し、家を保ち、国を守ろう）」というスローガンを掲げて朝鮮に出兵し、自国の防衛に努めた。このようにして新生人民政府の地盤は固まり、わが国の社会改造と経済回復は大いに進展した。

2．社会主義改造の全面展開

社会主義改造とはつまり、農業、手工業、資本主義商工業に対して国家が国有化や集団化を行うことであり、またさまざまな非社会主義的な経済要素や経済関連を、社会主義経済へと段階的に改造することである。無産階級が政権を奪取した後、その権力を利用して公有制を基礎とする社会主義経済を構築・展開し、かつそれを国民経済の主体とした。これは社会主義経済の地盤固めであり、社会主義改造の基本要件である。わが国における社会主義改造は農業、手工業、資本主義商工業といった非社会主義経済に対する改造により実現したものである。

（1）農業の社会主義改造

農業の社会主義改造は、合作化（協同化）の道を経て小農経済を一歩ずつ社会主義的集団経済へと改造することによって実現したものである。農民の個人経済は労働者の私的所有制経済である。土地改革の後、どのようにすれば農民が共に富む道を歩めるのか、二極分化を避けられるのか、また先進技術や大型農業機械を導入し農業生産力を高め、社会主義工業化の要求に応えられるのか、これらは中国共産党と人民政府が真剣に向き合わなければならない問題であった。農業合作化の実現こそが中国の農業が生き残れる道であった。

一九五三年、中国共産党と政府は農業の社会主義改造を段階的に一定条件のもとで全国展開した。一九五六年末には「合作社（生産協同組合）」に帰属する農家数は全国総数の九六・三パーセントを占め、そのうち「高級合作社（高級生産協同組合）」に帰属する農家数は全国総数の八七・八パーセントを占めた。高級合作社とは、完全に社会主義化した集団経済組織のことであり、生産手段（原料・道具・機械・建物など）を集団の所有物とし、集団で働き、労働に応じて分配を行うものである。これにより農業の社会主義改造はおおむね完了した。

農業の社会主義改造もまた、土地改革に続いて行われたわが国の意義深い社会変革であった。それは農業生産力を高め、農村発展のために基礎を築き、社会主義経済を確固たるものとした。

（2）手工業の社会主義改造

中国は現代的工業が未発達な国であり、広大な農村や都市には多くの手工業が存在している。個人による手工業生産の主観的、盲目的、そして立ち遅れた状態を改善し、社会主義建設や人民の暮らし改善の要件に応えるためには、手工業の社会主義改造を実施しなければならなかった。

手工業合作化運動は中国共産党と政府の指導の下、また多数の手工業者の努力によって急速に展開された。一九五六年末には、合作化した手工業社（組）の数は全国で一〇万強まで増え、そのうち手工業生産合作社は七万四〇〇〇強であった。また手工業合作組織の人数は六〇三万人に達し、全手工業従事者の九一・七パーセントを占め、そのうち手工業合作社の従事者数は四八四万人強にまで達した。これにより手工業の社会主義改造はおおむね完了した。

（3）資本主義商工業の社会主義改造

資本主義私的所有制度を撤廃し社会主義的公有制度を構築することは、無産階級が政権を獲得した後、経済方面において一番に着手すべき重要任務であった。資本主義商工業に対して国が行った社会主義改造は「利用」、「制約」、「改造」の三つが密接につながった措置により行われた。すなわち国は、国家機構による管理、国営経済による指導、労働者に対する監督を通して、国家経済と人民の暮らしに益をもたらすような資本主義商工業の「プラス機能」を利用し、不利益を及ぼす「マイナス機能」は抑制し、資本主義商工業をさまざまなスタイルの国家資本主義経済に変革するよう奨励・指導した。こうして社会主義的全人民所有制度を資本主義的所有制度に取って代わるものとしていった。もとから資本主義商工業の社会主義改造に一五年もかける予定ではなかったが、実際にはわずか三年程で完了した。

農業、手工業そして資本主義商工業に対する社会主義改造の完了は、わが国における社会主義経済制度の最終的な確立を意味している。

3．社会主義建設の道、模索の第一段階

国民経済回復期に中国共産党は極めて困難な状況の中、全民族全人民を率いて血と汗のにじむ努力を行った。一方では、国民党政府の遺品である極度のインフレーションを速やかにを食い止め、市場の物価を安定させ、長期にわたる戦火が徹底的に破壊した国民経済を前倒しで回復させた。またもう一方では、封建的土地制度の改革をおおむね完了させ農村の生産力を解放した。こうして社会主義国営経済を強固なものとし、資本主義経済や個人経済に対する、国営経済の確固たる指導的地位を打ち立てた。「過渡期の総路線」の指導の下、一九五三年、わが国は大規模かつ計画的な社会主義改造と社会主義建設の時期に突入した。社会主義改造を進めると同時に、社会主義経済建設の道を模索し始め、そして第一段階の成功を収めた。

世界の歴史や経験そして当時のわが国の国情は皆、われわれに社会主義工業化の道を選択するよう迫

った。それはすなわち、重工業の加速的発展を第一優先としながら軽工業や農業の発展も重視し、計画的に社会主義建設を進めることであった。そのため第一次五カ年計画の実施によりわが国は初めて、当時の国情に適合する社会主義経済建設の道を模索・形成することとなる。それは集中的かつ全局的な経済計画管理体制を打ちたてることであり、また重工業の発展を第一優先とする現代的工業の中枢システムを構築することでもあった。こうした模索の成功によってわが国の国民経済は急速に発展し、経済力は最大限に高められた。この五年で勝ち得た輝かしい成果は社会主義経済制度の優越性を余すところなく示し、後の社会主義経済建設に確固たる基盤を築いた。

4. 急成長する社会主義経済

中国社会主義建設の道はわが国にしっかりと定着した。政治面では人民民主独裁という政治制度が実施され、また労働者、農民、知識人、そしてあらゆる愛国人士が国家と社会の管理業務に就く権利が保証された。経済面では生産手段公有制や労働に応じた分配を主体とする社会主義の基本的経済制度が実施され、厖大な労働人民の利益が保証された。社会主義の基本的政治制度、経済制度を運用し、各民族の自力で更生し歯を食いしばって戦う精神に助けられて、中国は「一窮二白（経済的貧窮や文化・技術面での立ち遅れ）」状態の半植民地・半封建国家から、富み栄える社会主義国家の第一段階へと変わっていった。

（1）第一次五カ年計画と国民経済の回復

第一次五カ年計画期、中国共産党は全人民を率いて新民主主義から社会主義への転換を段階的に進め、重工業を中心とする計画的経済建設を展開した。

一九五〇～五二年、この時期は国民経済の回復期である。この時期に実施された内容は主に以下の通りである。官僚の資本没収、土地改革の実施、財政・経済の統合、物価安定化、資本主義商工業の整理統合、「三反運動」・「五反運動」の推進、そして生産の回復。この三年で国民経済の回復という任務は完了し、その結果、農業・工業主要生産品の生産量は解放前の最高年間生産量をはるかに上回った。

一九五三～五七年、国家は国民経済発展の第一次五カ年計画を策定し、社会主義改造とともに計画的経済建設も実施した。この時期にはさまざまな重大プロジェクトが進められた。それは主に以下の通りである。工業の基礎技術を強化し、生産レベルを迅速に引き上げること。農業生産を安定的に発展させ、主要農産物の生産量を顕著に増大させること。鉄道を中心とする交通運輸業を大々的に発展させること。生産が増大し市場が栄え物価が安定するにつれて、人々の暮らしは目に見えて改善されていった。「一五（第一次五カ年計画）」期は、建国後前半三〇年の中で最も経済が発展した時期と言えるであろう。

（2）第二次五カ年計画と経済調整

一九五六年九月、党の八大（中国共産党第八回全国代表大会）は一九五八～六二年の国民経済発展の

第二次五カ年計画を打ち出した。しかし功を急いだため指導思想・方針上の失策を犯し、加えて当時の自然災害およびソ連政府の信義に背いた条約破棄により、わが国の経済は一九五九年から一九六一年まで危機的状況に陥った。また農業も一九五九年から三年連続で生産が大幅に減少し、軽工業においてもやはり一九六〇年から連続三年間生産は減少した。国家の財政は四年連続で赤字となり、市場の供給状況や人々の暮らしもまた非常に苦しいものとなった。

こうした状況を鑑みて党と政府は、人民の利益に対して責任を負うという崇高な精神に基づき、一九六一年一月に「調整、強固、充実、向上」といった方針に沿って国民経済の調整を開始した。一九六五年には各調整業務は成果を収め、また各経済部門も新しい基礎の上に調和ある発展を成し遂げた。農業・工業の総生産高は一九五七年の数値を上回り、経済技術指標の多くが中国建国以来の最高水準を示した。こうして国民経済は再び正規の発展の道を歩みだした。

（3）「文化大革命」一〇年の災禍

一九六六～七六年、この時期は国民経済発展の第三次、第四次五カ年計画の時期であり、また「文化大革命」一〇年の災禍でもあった。国民経済の調整はおおむね完了し、わが国の経済建設が再び発展の道を歩みだした時期に「文化大革命」は始まった。社会秩序、労働秩序、生産秩序はかき乱され、第三次五カ年計画は総括的な概要が一つあるのみで、具体的な計画は示されなかった。社会主義建設は中国建国以来、最も厳しい挫折と喪失を味わうこととなる。

一九七六年一〇月、反革命勢力「四人組」が崩壊し、一〇年の災禍と言われた「文化大革命」は幕を閉じた。わが国の国民経済は新しい発展の時代に突入し、党と中国政府は農業、工業、国防、科学技術の現代化と、社会主義現代化強国の建設をうたった偉大なる綱領を重ねて表明した。中国全人民は政治に対する情熱と生産に対する意欲を各建設事業に最大限注ぎ込み、その結果、停滞・後退していた国民経済は好転し、農業・工業生産は急速に回復していった。一九七八年一二月に開かれた中国共産党第十一期中央委員会第三回全体会議において、国家事業の軸足を社会主義現代化建設の上に移すといった重大戦略が打ち出され、長きにわたる「左」寄りの誤りは徹底的に正された。わが国はこの時から改革開放と現代化建設という新時代に突入し、中国の特色ある社会主義建設の模索を新たに開始することとなる。

第1章　中国の特色ある社会主義経済
——その発展とモデル

中国共産党第十一期中央委員会第三回全体会議は、改革開放という新しい時代の幕開けとなった。三〇年来の不断の努力によって高度集中型の計画経済体制から、活力に満ち溢れた社会主義市場経済体制へという歴史的転換は成功し、急速かつ持続的な経済発展、民衆の生活水準向上、総合的国力の強化は推し進められた。こうして「中国の経験」、「中国の道」、「中国式モデル」は世界中からますます注目されるようになった。中国式発展モデルのうち、最も注目を集めたのがその奇跡的な成長だ。中国経済が三十数年間、一〇パーセント前後の高い成長率を維持してこれた原因は一体何であったのか？　その答えとして最も歴史的な意義を有するのは、この奇跡を実現させた制度と理念であろう。欧米の資本主義とは異なる、成功に導く発展の道、制度、理念というものは一体存在するのであろうか？　これは近現代の中国において重大な社会変革がなされるたびに重視されてきた永遠のテーマであり、また多くの発展途上国が現代化を進める過程において必ず経験する「選択」でもある。そしていかにしてこの問題に答えるかが歴史的発展の方向性と世界の将来像を大きく左右する。**中国式発展モデルが内包するものは非常にバラエティーに富んでおり、それは経済、政治、文化、社会といったあらゆる方面に体現されている。**経済面においては基本制度、経済体制、発展の道、対外開放といったさまざまな内容が含まれており、しかもそれらは互いにつながった有機的統一体である。これらが中国の特色ある経済モデルおよび発展の道を形成し、中国経済発展の奇跡を現実のものとした。

一、公有制を主体とし多種の所有制経済が共に発展する、基本的経済制度の構築と整備

マルクスやエンゲルスの記した書籍が語る社会主義論の中では、市場経済は私的所有制度と関わり合うものである。一旦、社会が生産手段を占有したならば、商品の生産や交換は消滅してしまう。このことは伝統的な計画経済体制の重要な理論的拠りどころであった。新中国成立後、社会主義改造を経てわが国は公有制を基礎とする社会主義制度を構築し、中国のあらゆる進歩と発展のために信頼のおける制度の基礎を打ち立てた。一方で極端に単一的な所有制メカニズムは経済の活性化を抑制するものである。

改革開放以来中国は、公有制を主体とし多種の所有制経済が共に発展する基本的経済制度を着実に構築し、社会主義市場経済の形成と発展のために制度的基礎を固めてきた。公有制の主体的地位は市場経済の社会主義的性質を保証し、経済の安定と調和ある発展に貢献し、また経済発展を推し進める上で国家が指導的役割を果すことを助けた。多種の所有制経済が共に発展することは、多くの独立した所有権の主体性を形づくり、市場経済の活力と効率を保証し、あらゆる生産要素が機能することを助け、各経済主体の積極性と創造性を呼び起こした。

社会主義の基本的経済制度に則し、わが国は社会主義市場経済の要件に合致する国有企業改革構想を着実に確立していった。一九七〇年代後半に改革開放が始まってから今に至るまでの三十数年間、わが国は国有企業の改革と国有経済の構造調整を着実に進め、「権利を放棄し、利益を還元する」ことから

着手し、「支給から貸付への改革」、「利益上納方式から納税方式への改革」、そして広範囲に推し進めてきた「経営請負制度」、さらには一九九〇年代中ごろの「大を捉え小を解き放つ」、「進むことも退くこともある」、「大局的に国有経済を活性化する」、そして「現代的企業制度の構築」といった中央政府の改革方針・政策指導の下、改組、連合、合併、貸借、経営請負制度および株式合作制度、売却等の方法により、小企業活性化の道を開拓し、債務の株式転換、技術改革の手形割引利息、政策性破産などの措置によって中・大型国有企業の戦略的調整を加速させた。長年の努力によって、国有企業の管理体制と経営構造は根本から変わった。中・大型国有企業の負担を軽減し、適者生存を促進することによって、国有企業の市場競争力は目に見えて強化された。一九九八年から二〇〇七年の一〇年間に国有企業の数は顕著に減少し、企業社数では二三万八一五二社から一一万五〇八七社まで五二パーセントの減少を示し、従業員数は四六パーセント減少した。また国有企業の資産総額は一〇年間で二・三九倍増加し、年平均増加率は九・一パーセント、利潤総額の増加は八二・五倍、年平均増加率は五五パーセントであった。総資産収益率もまた一・四パーセントから四・九パーセントまで着実に増加し、資産利益状況は明らかに改善された。

一九七八年の改革開放後、人民公社時代にその弊害を露呈した土地制度は生産請負制度に取って代わられた。土地請負制度は「土地は集団の所有に属するとしつつも、その土地を農家が請け負って生産する」といった、統一経営と分散経営の結合による重層経営を特徴とするものである。

中国の歴史が物語っている通り、公有制経済は必ず低効率をもたらし市場経済と真っ向からぶつかるといった考え方は全くもって不確かなものだ。公有制の主体的地位は市場経済の社会主義的性質を保証し、経済の持続的安定と調和ある発展、そして社会が共に豊かになることを助けてきた。多種の所有制経済が共に発展することは、あらゆる生産要素が機能することを助け、各方面における積極性を呼び起こした。社会主義の初級段階において基本的経済制度を確立したことは、中国の特色ある社会主義の発展に確かな足場を築いた。今日の中国が比較的豊かな総合的国力と重要な国際的地位を有することができ、またこの激しい国際競争のただなかにあって持続的に安定して発展し、急速な変革・転換といった時代において社会の基本的安定性を維持し、さらに二〇世紀末の東欧革命、アジア通貨危機、二〇〇八年四川大地震の震災救援活動、金融津波といった重大な突発性事件の試練を潜り抜けてこれたのは、全てこの基本的経済制度と密接に関わっている。

二、高度集中型計画経済体制から社会主義市場経済体制への転換

新中国成立後、ソ連式モデルに類似した高度集中型計画経済体制が次第に形成されていったが、これは一九五〇年代のソ連計画経済体制の影響を受けただけでなく、解放区や革命根拠地が経済をコントロ

ールしてきた過去の経験を統括したものでもあり、また大規模な工業化建設に対する客観的要求をも同時に反映していた。これは、マンパワー・物資・財源の集中化、重点建設の順調な進捗や国家による工業化実現、市場安定化の保証、国民の暮らし改善に対して重要な役割を果たした。しかしこのような体制はまた、国家の過剰な管理、かたくなな統率、縦横の分断化、企業や労働者の積極性妨害といった弊害をはらんでいた。経済や社会が発展するにつれ、このような体制の弊害はますますひどくなり、改革は歴史的必然となっていった。

一九七八年一二月、中国共産党第十一期中央委員会第三回全体会議は過度に集中化した経済体制に対する改革を提議し、価値法則の機能を重視した。一九八二年九月、中国共産党第十二回全国代表大会は「計画経済を主とし、市場調節を従とする」原則を打ち出し、経済体制改革を着実に推し進めていった。一九八四年一〇月、中国共産党第十二期中央委員会第三回全体会議にて決議された「経済体制改革に関する中国共産党中央委員会の決定」では、社会主義経済は「公有制を基盤とした計画性を有する商品経済」であるとし、都市の経済体制改革を全面的に推し進めることを提議した。一九八七年一〇月、中国共産党第十三回全国代表大会は「国家が市場を調節し、市場が企業を導く」といった経済運営メカニズムを提議し、市場機能の中枢的位置づけをさらにはっきりとさせた。一九九二年一〇月、中国共産党第十四回全国代表大会では、わが国の経済改革目標は社会主義市場経済体制を打ち立てることである、と明言し、改革開放による新たな歴史的飛躍を成し遂げた。一九九三年一一月、中国共産党第十四期中央委員会第三回全体会議では「社会主義市場経済体制建設についての問題に関する中国共産党中央委員会の決定」を作成し、社会主義市場経済建設の全体的枠組みおよび具体的な課題を余すところなく明らかにし、社会主義市場経済体制の建設に関するそれぞれの改革を全面的に推し進めた。二〇〇三年一〇月、中国共産党第十六期中央委員会第三回全体会議にて承認された「社会主義市場経済体制整備についての問題に関する中国共産党中央委員会の決定」では、科学的発展観を指針として社会主義市場経済体制の整備に関する目標、課題、具体的人員配置を打ち出し、社会主義市場経済体制の整備をさらに一歩推し進めた。二〇〇七年一〇月、中国共産党第十七回全国代表大会の報告では、社会主義市場経済体制を整備し、体制改革の各方面における新機軸を打ち出し、重要な分野や段階に対する改革を加速させ、開放度合いを全面的に強化し、また活力に満ちた、効率の良い、開放を促進させる、科学的発展に寄与する、そのような体制・メカニズムの構築に注力し、中国の特色ある社会主義の発展に対して強力な原動力と体制的保障を与えること、が提議された。このような改革目標に導かれ、中国の社会主義市場経済体制は次第にその姿形が明らかになり、活気と活力に満ち溢れていった。

社会主義市場経済は、社会主義基本制度と互いに結び合った新型市場経済である。中国の経済改革が成功した要因は、社会主義基本制度、特に公有制経済、と市場経済の間に、互換性があり互いに刺激し合える新しい関係を築いたことだ。このような新しい関係において、社会主義基本制度は新しい概念を帯び、新しいパワーを解き放った。そして市場経済もまた新しい特徴を有することになり、社会主義基本制度の要件を具体的に表すものとなった。中国の実践から判断すると、社会主義基本制度と市場経済が互いに結び合う経緯やその方法は主に以下の通りである。市場経済にマッチする新しい公有制のスタイルと体制を打ち立て、多種の所有制経済が共に発展することを推し進める。公有制の主体的地位を固持し、国有経済のリーダーシップを発揮し、国有企業の改革を一層強化する。労働に応じた分配を主体としながら各種分配方式が共存する、また効率と公平が合体した収入分配制度を構築する。統一、開放、競争、秩序を有する現代市場システムを形成する。計画に従って、市場を基盤とするマクロコントロールシステムを構築・完備する。十分な社会保障システムを構築・完備する。市場経済にマッチする完全な法制システムを構築する。市場経済に適合する新しい社会管理体制を構築する。内外連動型、ウィン・ウィン、ノーリスク・ハイリターンといった開放型経済システムを形成する。党と政府は社会主義市場経済のコントロール力を絶え間なく強化する。このようにして社会主義基本制度と市場経済を有機的に結合させることは、中国における経済改革の目指すところであり、またその本質、特色、経験の一表現とも言える。

経済運営の特徴から言うと、改革開放後の三十数年間、中国が構築した国家と市場の関係は、計画調節と市場調節、直接調節と間接調節、供給管理と需要管理、短期目標と長期目標、トータルバランスと組織の最適化、これらが互いに有機的に統合された国家主導型の市場経済モデルである。このような国家主導型の市場経済モデルは社会主義市場経済の要件を十分に具体化しており、市場メカニズムの基本的調節機能を発揮するだけでなく、国家の主導的役割も果たしている。国家の主導的役割とは主に以下の内容を示している。それは一に、社会全体の長期的な利益といった観点から出発し、国民経済および社会発展に関する総合的ガイドラインを定め、経済発展に対して計画的調整を行うこと。二に、国民経済と社会発展の重要な関連について、国家全体の利益と個人の利益をともに考慮しながら、社会の調和ある発展を促進すること。三に、公共の商品および公共のサービスを十分に提供し、国民の基本的利益を保障すること。四に、全体の関係を調節し、マクロ経済の安定化と均衡化を促進すること。五に、市場機能の麻痺に対してミクロ的統制を行い、公平な競争が行われる市場秩序を守ること。六に、国有経済の所有者代表として、国有資産の効率的経営を監督・管理すること。七に、社会の公平・正義を守り、社会の調和を促進すること。八に、改革開放をリードし、制度の刷新を進めること。九に、天然資源と生態環境を守り、持続的発展を実現すること、などである。国家の主導的役割は市場の基本的機能と相互に結びつき、国民経済の持続的・安定的・加速的な成長を推し進めた。

三、科学的発展を主軸とする経済発展の道の模索

「発展」は最優先事項であり、中国共産党が政権を担い国のためになすべき最重要任務である。中国式モデルの最も注目すべき特色は、三十数年間一〇パーセント前後の高度経済成長を維持し続けてきたと

いう奇跡だ。ではこの中国における経済成長の奇跡は一体どのようにして実現したのであろうか？　国内外の学者はこれに対して多方面からの説明を試みてきた。例えば、市場の膨大な需要、安定した政治環境、高水準の貯蓄率と投資率、低コストの人的資源、効果的な政府の関与、経済の市場化、対外貿易および外資の利用、技術の進歩、二元的構造への転換などである。本質的な面から言うと、中国経済の持続的・加速的な成長は、新しい工業化と体制の刷新を絶え間なく強化してきたことが原動力となっている。工業化と情報化の相互的推進、および経済と社会体制の全面的な刷新は、一方で資本や労働力といった資源の継続的投入と、果てしないニーズの拡大を触発し、またもう一方では資源配置の効率化を継続的に強化し、経済の刷新を継続的に発展させた。これは構造の変換、技術の進歩、体制の刷新による組織的あるいは変革的な経済成長である。新しい工業化および体制の刷新は、このような成長を促す基本要素として長きにわたって変更されることのないものであり、これはまさに中国の経済成長にとって持続的・安定的な原動力である。ここにこそ中国経済に奇跡をもたらした「奥義」が示されている。中国式経済モデルの最も重大な成果、最も貴重な経験とは、それはまさに中国の現実から生まれたものであって、中国の特色に合致する発展論、発展戦略、発展の道を模索しながら作り上げたということである。最も重要なことは、人を主体とし、全面的調和のとれた、持続可能な科学的発展観を確立したことである。さらには「三歩走（三段階の発展戦略）」、および「小康社会（多少のゆとりがある社会）」の全面的構築といった戦略や、また中国の特色ある新しい工業化への道、農業の現代化への道、自前のイノベーションへの道、都市化への道といった、科学的発展の要件を具体的に表した経済発展の道を確立したことである。中国の特色ある新しい工業化への道が示す基本的本質とは、情報化が先導する工業化、工業化が促す情報化であり、科学技術の実用性が高く、優れた経済的効果を有し、天然資源の浪費や環境汚染が少なく、人的資源が豊富であるため十分に機能する、といった新しい工業化への道を歩みだすことである。

中国の特色ある農業現代化への道が示す基本的本質とは、農業の基本的位置づけを強化し、農業を発展させる方法を変革し、総合生産力を大々的に向上し、生産経営コストを大幅に削減し、持続的発展力を大幅に強化し、現代化レベルを全面的に高め、社会主義的な新しい農村を着実に建設することだ。

中国の特色ある自前のイノベーションへの道が示す基本的本質とは以下の通りである。イノベーションを独自に行い、従来の考え方や技術を超越し、発展を支え未来を導くという指針を堅持する。オリジナルのイノベーション、統合されたイノベーション、導入・消化・吸収・実施といったサイクルのイノベーションを推進する。独創的なイノベーションを行う能力を絶え間なく高める。企業を主体とし、市場化を目標とし、産業界・大学・研究機関の相互連携による技術的イノベーションシステムを迅速に立ち上げ、国家のイノベーションシステムを早急に確立する。科学技術に関するイノベーション型人材を速やかに育成し、イノベーション精神の教育を社会全体で行う。

中国の特色ある都市化への道の基本的本質とは、科学的発展観の指導の下、都市と農村の全面的な計画・案配、合理的な配置、土地の節約、機能の整備、大が小を導く、これらの原則に基づいて、小・中・大都市および農村部の町の調和ある発展を促進することであり、また総合的許容力の強化に重点を置き、特大都市を柱として影響力豊かな都市郡を形成し、経済成長を新しい段階へ押し上げることだ。

中国の特色ある科学的発展への道とは、中国の発展段階や基本的国情、また発展に対して求められる、中国の特色ある社会主義制度の客観的要求を反映したものである。そしてそれは中国の経済発展に、広大で輝かしい未来を切り開いた。

今日の中国において発展し続けることは最優先事項であり、それは科学的発展を堅持することであり、また科学的発展を戦略の中心とし、迅速に経済発展の方法を変革することを主軸としたものである。人間本位主義や、全面的に調和のとれた持続可能な発展をより重視し、国全体の利益だけでなく国民一人ひとりの利益をも考慮する。改革開放を重視し、国民の暮らしを全力で保障・改善する。経済構造に対する戦略的調整を速やかに行い、科学技術の進歩と刷新を加速させ、一刻も早く資源節約型・環境保護型の社会を構築する。社会の公平と正義を守り、経済の長期的安定と加速的発展および社会の調和と安定に尽力する。生産は発展し、生活は豊かで、生態系はバランスが取れている、こうした文明的発展の道において、さらに新しく大きな成果を勝ち取っていかなければならない。

四、独立自主と経済グローバル化の結合

改革開放以来中国は、対外開放という基本的国策を確立し、また主導的、漸進的かつ制御可能な方法によって歴史的転換を行ってきた。それは経済特区の設立にはじまり、沿海、沿江（長江）、沿辺（国境地帯）、内陸地域に対する開放、さらにはＷＴＯ世界貿易機構への加入といった転換であり、また大規模な「導入」から飛躍的な「進出」にいたる転換、閉鎖・半閉鎖状態から全方位に向けて開放された状態へといった転換でもあった。一九七八年中国の輸出入の貿易総額はわずか二〇六億四〇〇〇万米ドルであり、ＧＤＰに占める割合は九・七パーセントしかなかったが、二〇一〇年になると中国の輸出入総額は二兆九七二八億米ドルに達した。これは一九七八年の一四四倍であり、ＧＤＰに占める割合は四九・二パーセントに達した。二〇一〇年、中国が実際に利用した外資は一〇〇〇億米ドルを超え、中国は発展途上国の中で第一位、世界で第二位となった。中国は経済改革と経済発展により次第に世界経済システムの中へ溶け込んでいった。中国の対外開放モデルは主に以下のような特色がある。一、国内だけでなく海外をも視野に入れ、この大きな二つの情勢に対して全面的に計画・案配し、共に利益を得るウィンウィンの開放戦略を守り抜く。「導入」と「進出」を結合させ、国際市場・国内市場この二つの市場を十分に利用し、資源配置の最適化をはかり、発展の領域を押し広げる。開放により改革と発展を促進する。二、経済のグローバル化は二面性を有しており、発展の傾向には二種類あることを明確に

する。その一つが、世界資源の合理的配置と世界各国の生産力向上を促進することでそれぞれの国民に恩恵をもたらすことであり、もう一つが、資本主義経済の影響力が世界中に広がることであり、また世界における資源配置と経済発展の不均衡をより一層激化させ、発展途上国と先進国の間の発展の格差をさらに広げ、貧富の二極化と環境の悪化に拍車をかけることである。われわれは前者の傾向を選び取り、そして推し進め、後者の傾向に対しては警鐘を鳴らし、そしてコントロールしなければならない。三、経済のグローバル化に対する積極的参画と独立自主を結合させる。それは対外開放を堅持するとともに自らの力に頼ることを基盤とするものである。

しかしながら、積極的・自発的にグローバル化を進めると同時に、グローバル化は諸刃の剣であることをはっきりと認識する必要がある。一方において、経済のグローバル化は生産力発展の客観的要求および必然的趨勢、必然的結果である。経済のグローバル化は地球レベルでの生産要素の最適配置に寄与し、わが国の経済発展に新たなチャンスをもたらした。またもう一方において、今日の世界経済グローバル化は、欧米先進国主導型のグローバル化、資本主義生産関連のグローバル化であり、新しい矛盾と問題の発生は避けられない。例えば、世界規模での二極化、地球生態系に対する過度の開発と破壊、世界各地で頻繁に勃発する経済混乱と金融危機、先進国に対する発展途上国の従属化、などである。このため社会主義市場経済の建設と発展のためには、対外開放と独立自主の関係を正しく扱わなければならない。積極的にグローバル化を進めると同時に、独立自主といった方針を固く守り、国家利益の保護と増強を実施し、自分の力に頼ることを基盤とする。資本主義先進国が経済、政治、テクノロジー、教育、文化、マネージメントといった方面において生み出した先進的な物質文明・精神文明を大胆に学び手本にするとともに、資本主義社会におけるあらゆる腐敗や敵対勢力が私たちに対して行おうとしている「欧米化」、「分極化」という策略を断固として拒まなければならない。先進技術の導入に励みながらも「導入」を「開発・創造」と結びつけ、自前のイノベーションの推進、イノベーション型国家の建設、国際競争力の強化にも力を入れる必要がある。商品やサービスの輸出を積極的に推し進め、わが国の輸出商品の技術的実用性と付加価値を絶え間なく高め、併せてわが国の広大な市場というメリットを活かし、国内需要の拡大を終始一貫して経済発展の基本的立脚点および長期的戦略・方針とする。また状況に応じて外資を適正利用し、国際投資と多国籍企業の投資を積極的かつ節度をもって取り込む。これと同時に大切なのは自国の資本を蓄積することだ。対外開放のプロセスにおいて国家の経済的安全性を守ることをおろそかにせず、「開放・発展」と「確かな弁証法」との折り合いをきちんとつけ、重要な業種および分野に対する統制力をしっかりと握り締めていなければならない。そして国際ルールを尊重しながらも活用し、利用価値のある先進国の政策や体制を学習し導入する。しかしながら社会主義基本制度を守り整備することもおろそかにできない。国際ルールに関することを注意深く研究しまた感化を与え、中華民族の優秀な文化と伝統を守り発展させていくことが私たちに求められている。

五、社会主義制度の整備を目的とした漸進的変革モデル

一九八〇年後半から九〇年代前半にかけて、伝統的計画経済から市場経済へと移り変わる過程で二種類の異なる道が形成された。それはソ連や東ヨーロッパの急進的改革と、中国の漸進的改革である。中国の経済改革が成功した理由は、社会主義と市場経済は共存しうるということを世の中に明示しただけでなく、中国の特色ある漸進的改革の道または改革方法が実践の中から探り出されたものだからだ。このような改革方法の主な特色は以下の通りである。

——トップダウンとボトムアップの結合。統一的指導を堅持するといった前提の下、末端組織は制度刷新において積極性と創造性を遺憾無く発揮する。

——二つのモデル間の移行、「増量の先行」。計画的調和を維持するといった前提の下、資源の再投入における市場調節の比率を次第に増やし、市場経済化に向かって緩やかに移行する。

——全体の調和、重点的突破。中国全体が一つにまとまり続けるといった前提の下、各部門、各企業、各地域それぞれにおいて「突破」を実施し、点から面にいたるまで経済体制の全体的な転換を実施する。

——改革・発展・安定の全体管理。改革の程度、発展の速度を社会の耐えうるレベルと一致させ、安定した社会の中で改革と発展を推し進め、また改革と発展によって社会の安定を促進する。

——ステップを分けて推進し、順を追って前進する。試験的段階を経てからスケールアップし、実践か

らの要求と認識の進化に基づいて、改革の具体的な目標とシナリオを絶えず調整しながら整備を進める。目標が方法を定め、方法は目標によって自ら進化する。改革の本質と目標から離れてその方法を抽象的に論じることはできない。中国の経済改革は漸進的方法を選択した。それは社会主義市場経済といった改革目標の特殊性によって導かれた選択であった。具体的に見てみよう。

はじめに、社会主義市場経済は社会主義基本制度と結び合った市場経済であり、改革の目標は決して社会主義基本制度を根本から否定しようとするものではなく、むしろ制度の刷新によって伝統的計画経済体制の弊害を取り除き、社会主義基本制度に新しい活力を与えようとするものである。中国における経済改革のこのような根本的特性は、その方法やプロセスに穏やかで漸進的な特徴を持たせた。新旧の体制間にははっきりとした一線が画されているわけでもなく、明らかな対立が存在するわけでもない。むしろそこには連続性と継続性が存在し、両者間の移行には多くの具体的な段階を経験し、多くの中継点を通過し、多くの移行措置をとる必要がある。

次に、中国は目下、社会主義初級段階にいるということである。市場の発展や市場メカニズムの機能は社会制度の制約だけでなく、経済発展段階の制約をも受けており、また相当の期間、責任の分担は雑駁、組織はシンプル、情報は行き届かずインフラは不十分、都市と農村の格差は大きいといった制約が存在していた。中国における市場化と工業化、または体制モデルと発展モデルの変革はそれぞれ互いに結び合ったものなので、**市場経済の形成・発展はどうしても長い歴史的歩みを必要とした。このため中**

国における改革は漸進的改革とならざるを得なかったのだ。

さらに、社会主義市場経済は新しいタイプの市場経済であり、具体的な概念や実現方法は決してすでに経験したもの、固定された不変的なものではなく、絶え間ない変化と発展の過程において一定の不確定要素を有したものである。実際、改革の目標を社会主義市場経済と定めたことは初めから明確であったわけではなく、計画経済や商品経済にはじまり社会主義市場経済にいたるまでの長期にわたる模索の過程を経て定められたものである。社会主義市場経済体制の改革目標を定めることはまた、一度着手すれば改革目標に関わる問題はそれで全て解決されるといったことではなく、すでに形を成している社会主義市場経済ではあっても、やはり継続的な整備が必要であった。中国の漸進的改革とソ連や東ヨーロッパの急進的改革の根本的な違いは市場化の方式や方法にあるのではなく、改革の目標と本質のうちにある。つまり中国の漸進的改革の目標が社会主義制度を完全なものにすることであるのに対し、ソ連や東ヨーロッパの急進的改革の目標は社会主義制度を否定することであった。

六、中国式経済モデルの実質と意義

中国の経済発展の道と発展のモデルについて前述した、いくつかの方面に示される特色は、互いにつながり合って一体となった有機的なものである。中国の経済モデルは基本制度の観点から言えば、それは公有制を主体とし多種の所有制経済が共に発展するものである。このような基本制度が具体化されているのは、経済体制の方面においては社会主義市場経済体制であり、対外開放の方面においては独立自主的対外開放戦略、経済発展の方面においては科学的発展の道である。これらの相互につながった内容が一点に集中したものが、つまり中国の特色ある社会主義経済の建設である。胡錦涛総書記は中国共産党成立九〇周年記念祝賀大会における演説で以下のように指摘している「九〇年の奮闘、創造、蓄積を経て得られた成果、そして党と人民がもっと大切にし、長きにわたって守り抜き、絶え間なく発展させるべき成果とは、中国の特色ある社会主義の道を切り開いたこと、その理論体系を形成したこと、その制度を確立したことだ」。いわゆる中国の道、中国式モデルとは、**中国の特色ある社会主義の道・理論・制度であり、またそれはわが国の国情に合致した、中国全土に根を下ろした科学的社会主義のことである。**

人類繁栄の歩みにおいて、過去もそうではなかったし今日ではなおさらそうあるべきではないが、中華民族は他の文明を模倣したり追随したりしているだけの民族ではなく、むしろ発明、創造、貢献をなしうる民族である。中国式モデルの形成は、経済の現代化や市場経済発展に関する一般的法則を明確に表現しているだけでなく、中国特有の制度、国情、歴史的段階が要求していること、および中国共産党と中国人民が血と汗を流して行ってきた模索や偉大なる実践をも反映している。そのため中国式モデルは一般的法則を尊重しながら、また創造力にも満ち溢れたものとなった。そして特殊性と普遍的意義を兼ね備え、民族的でありながらも全地球的なものである。発展途上国が工業化、市場化、グローバル化を目指し、経済発展と制度刷新を行うために、中国の経済モデルは新しい道を切り開き、新しい可能性を繰り広げた。そしてまた人類の繁栄と社会主義の復興に光と希望をもたらした。一九五六年毛沢東主席は『孫中山先生を記念する』という文章の中で次のように指摘している「中国は人類のために多大な貢献をなすべきである。しかし過去長い間このような貢献はほとんどなされてこなかった。このことを大変恥ずかしく思う」（『毛沢東文集』第七巻一五七ページ、北京、人民出版社、一九九九年）。一九八七年鄧小平は他国の指導者と会見した際、次のような予測を語っている「二一世紀の中ごろには、われわれは中級クラスの先進国になっているであろう。もしこの一歩に成功すればそれは一つに、非常に困難な、決してたやすくない任務を果せたことになり、二つ目には、人類に対して本当の意味で貢献したことになり、三つ目には、社会主義制度の優位性をさらに体現化できたことになる」、「これは世界総人口の四分の三を占める〝第三世界（中国を含むアジア、アフリカ、ラテンアメリカなどの発展途上国を指す）〟のために一本の道を切り開いただけでなく、さらに重要なことだが、社会主義は避けて通れない道であり資本主義よりも優れたものなのだ、ということを人類に表明したことにもなるのだ」（『鄧小平文選』第三巻二二四、二二五ページ、北京、人民出版社、一九九四年）。今日、中国は進取の気概とイノベーションの力強い実践により、民主的文明と調和の取れた強くて豊かな社会主義現代化国家を建設するために大きな一歩を踏み出そうとしている。中国式モデルの成功は、文明の発展に対して中華民族が成し遂げる新しくて偉大な貢献となる、そう言っても過言ではない。

七、奇跡はまだ続くのか？——中国式経済モデルが直面する試練と選択

中国経済の改革と発展は世界が注目する偉大な成功を収めたが、改革や発展の任務は決して全うしておらず、中国式経済モデルはいまだに多くの新しい矛盾と課題を抱えている。

経済改革の方面では、社会主義市場経済体制はいまなお未完の状態にある。市場の混乱、政府機能の転換未完成、社会管理および公共サービスの機能不十分、守られていない公平・正義、社会保障システムの不備、都市と農村の構造分割化、そして重大な「腐敗」現象、こうした問題が山積している。

経済発展の方面では、発展の手段が雑駁、生態環境の悪化、資源とエネルギーの浪費、自前のイノベーションが不十分、輸出に依存する経済成長、都市と農村の格差拡大、といった問題が存在している。これらの問題は中国経済の長期的・持続的発展にとって巨大な重荷となるであろう。

対外開放の方面では、高い外資依存度、見えない対外貿易効果、といった問題が存在する。また中国が経済グローバル化の波に飲まれていく中で、グローバル経済の変動や金融危機が中国経済に及ぼす影響は目に見えて大きくなり、国家経済の安全を守るという任務は益々困難なものとなっている。

中国の特色ある社会主義経済の方面では、社会主義基本制度と市場経済が結び合った体制やメカニズ

ムはいまだ不完全で、グローバル化や市場化といった流れの中で、公有制の主体的役割と国有経済の主導的位置づけをいかにして堅持し整備していくか、また非公有制経済の健全な発展をいかにして促進するかといった難問が山積みされている。

いかにしてこうした問題を解決すべきかといったことについて、考え方は人それぞれである。例えば伝統的計画経済思想、社会民主主義、ナロードニキ主義、新左派的観点、ポストモダニズムなど、これらは皆それぞれの領域において存在し、また影響を及ぼしてきた。一九七〇年代に世界中で比較的流行し、中国国内の学術会においても相当な影響力を有していたのは以下のような考え方であった。それは私的所有制度を尊び公有制をさげすむ、市場調節を尊び政府の干渉をさげすむ、グローバル化を尊び国家の利益をさげすむ、効率を尊び公平をさげすむ、個人の自由を尊び社会の協調をさげすむ、資本主権を尊び労働主権をさげすむ、比較優位を尊び自前のイノベーションをさげすむ、欧米型民主を尊び社会主義型民主をさげすむ、普遍性を尊び中国的特殊性をさげすむ、欧米の資本主義が発展した歴史モデルを尊び中国の特色ある社会主義建設の歴史と経験をさげすむ、といった考え方である。このような考え方こそ「新自由主義的」な考え方であろう。

「新自由主義」といった観点に照らしてみると、中国の改革が成功したのは私的所有化、自由化、国際化を実行したからであり、中国の改革に存在する問題は私的所有化、自由化、国際化の進め方が不十分なことにある。公有制経済および国有経済の比重が大きいこと、政府の干渉や社会調節が度を越していることが問題であり、世界とのつながりが希薄であり、政治体制改革が立ち遅れていることもまた問題である。このため、改革をさらに進め、政府の干渉と社会調節をさらに減らす、あるいは廃止する、国有企業に対して徹底的な私的所有化を推し進め、国際経済との協調を加速し、さらには欧米型立憲政治体制を吸収しながら、自由市場が機能するために政治・法律面の基盤を固める、ことが必要である。

ソ連・東ヨーロッパの急進的改革の悲惨な結果や、ラテンアメリカの「新自由主義神話」の崩壊、ますますひどくなる資本主義の世界的金融危機、これらが私たちに告げているのは新自由主義の完敗である。こうした事実が示している通り、新自由主義が崇拝している私的所有化の全面展開、コントロールされない自由市場、資本のグローバル化・金融化、これらは皆資源の合理的配置や経済の継続的繁栄そして社会の公平・正義を阻害するばかりでなく、労働と資本の対立、財産所有の二極分化、独占金融資本による大衆の利益損失を招くようになる。中国において改革開放が成功したことは、非国有経済の発展と市場機能の拡大および対外開放の促進に益を及ぼしただけでなく、党と国家の正しい路線・方針・政策にも益するところがあり、さらには公有制の主体的役割、安定した社会環境、効率的なマクロコントロール、適正な行政関与、賢明な戦略と方策、力強い調和の取れた組織にも力を与えた。経済面から見てみると、中国における改革開放の最も基本的な特色およびその実績とは社会主義市場経済体制を堅持し発展させたことである。市場経済の発展を人間本位主義と結びつけることに尽力し、公有制を主体とすることと多種の所有制経済が共に発展することを結びつけ、さらに国家の主導的役割と市場調節、効率の向上と社会公平性の促進、独立自主と経済グローバル化への参画、中央集権と地方分権、改革・発展と安定、これらを互いに結び合わせることにも努めてきた。また、さまざまな経済シグナルに対して敏感に反応する市場のメリットを十分に活用し、資源配置においては市場の基本機能を発揮させ、そして社会主義制度やマクロコントロールが市場経済の盲目性・暴走性といった弱点やマイナス面を克服するようにした。このように社会主義の優位性を市場経済の長所としっかり結びつけることは中国の道、中国式モデルそのものであり、また中国の改革と発展が成功を収めた重要な実績でもある。

新しい時代に、中国の特色ある社会主義の道・社会主義の理論体系を守り続け、また変化する現状と要求に応じて中国式モデルの具体的内容を臨機応変に調整・刷新する。このようにして新たな活力と創造力を生み出していかなければならない。

そのためには経済体制改革をさらに推し進め、市場メカニズムの基本的調節機能を十分に発揮させるとともに、社会主義の基本的経済制度をしっかりとゆるぎないものにする。改革を推し進めることで、公有制経済の管理体制をさらに完全なものとし、その効率を高める。マクロ経済の安定化、経済構造の調整、自前のイノベーション推進、社会調和の実現といった方面において公有制経済の積極的機能を一層発揮させ、同時に非公有制経済の健全な発展を奨励・指導・支持しなければならない。そして社会主義の優位性を市場経済の長所とより固く結び合わせることで、活力に満ちて効率化の進んだ、さらに開放され科学的発展に寄与する、そのような体制・メカニズムの構築に尽力する必要がある。

また経済の加速的成長を継続するとともに、科学的発展観の具体化を徹底的に進めなければならない。世界経済が軟化するチャンスを捉え、経済発展の方法を速やかに変革する必要があり、また社会の公平性・調和の重視、経済構造の最適化、自前のイノベーションの推進、戦略的資源の開発、インフラ整備、体制刷新の推進、国防力強化、生態環境の保護、こういったこともおろそかにしてはならない。体制・メカニズムの刷新を通して生産、起業、投資、雇用を奨励し、人間本位主義や全体的に調和の取れた継続可能な発展を実現するために堅固な地盤を固め、国民経済が新しいステップに進み飛躍的な発展を遂げるために絶大なパワーを与えること、これらは特に重要である。

対外開放をさらに推し進め、経済グローバル化に積極的に参画するとともに、独立自主・自力更生といった方針を堅持し、国家の利益を守り増強する必要がある。自力に頼ることを基本とし、国家経済と金融の安全性を維持し、開放の仕組みを最適化し、外国資本の質を高めるよう努めることも必要だ。内需拡大を一貫して経済発展の基本、長期戦力方針と位置づけ、経済のグローバル化といった時流の下、国際経済への協力と競争に参画するうえで新しい優勢を形成し、平和的発展と自主的発展の実現に力を入れなければならない。

今日、このように益々増大する世界金融危機は、中国の発展モデルにとって未曾有の厳しい試練となった。しかし同時に中国式モデルの改善と刷新に得がたいチャンスを与えるものともなった。この危機的な試練と洗礼を経験してこそ中国式モデルの意義と生命力はより一層光を放つことができるであろう。

第2章　社会主義「和諧社会」の建設

中国の社会は大変複雑であるため、社会構成メンバー間の調和や交流には十分な知恵を要する。九六〇万平方キロメートルの国土は大変バラエティーに富んだ地形を有し、そのうち山地、高原、丘陵は全陸地面積のおよそ六七パーセントを占め、盆地や平原はおよそ三三パーセントを占めている。このようなさまざまな地形や資源環境は多様化した生活様式や文化類型と密接に関連している。中国は五六の民族、人口一三億四七三五万（二〇一一年）を抱えた国である。この数字もまた中国社会を複雑にしている重要な要素である。さらに重要なことは、中国は今まさに急速な工業化、都市化、市場化、情報化、現代化といった過程の中にあり、社会構成メンバーの流動、社会の再構築、こうした過程で生じる社会の無秩序化と衝突はこれまでに類を見ない規模に達したことである。都市化について見るだけでも、一九四九年新中国成立時の都市住民は総人口五億四一六七万人のうちわずか一〇・六四パーセントであったが、二〇一一年には総人口一三億四七三五万人のうち五一・三パーセントを占めるようになった。急激に都市へなだれ込んだ多くの農民がそこで仕事や生活をすることによって、あらゆる方面に重大な問題を引き起こすようになった。

中国の急速な経済発展は世界に強烈な印象を与えた。例えばそれは、国家統計局のデータによると、一九七八年の中国のＧＤＰはわずか三六四五億二〇〇〇万元、一人当たり三八一元であったのが、二〇一一年にはすでに四七兆一五六四億元、一人当たり三万五〇八三元にまで達した。中国がこのように短期間で世界第二位の経済大国にまで飛躍的に急成長したことに対し、国際世論は大きな関心を示したが、中国経済の急速な成長を支えた社会的要因に関しては全く理解できず、しばしば誤った判断を下してきた。本章では中国経済の急速な成長が直面する社会的試練、および中国政府が社会の調和と経済の持続的成長のために尽力してきたことに重点を置いて紹介する。

一、中国の経済成長が直面する社会的試練

確かに中国は経済の急速な成長を三〇年余り支えてきたが、この継続的成長はかつて、そして今もなお脅威にさらされている。中国政府は経済・社会の調和ある発展のために力を尽くしてきたが、その過去においては経済・社会の調和に大きな乱れが生じたこともあった。急速な経済成長に課せられた社会的試練は多方面にわたるが、その中でも特筆すべきは加速する社会分化、伸び悩む社会事業、弱体化する社会組織、いまだに程遠い持続可能社会などである。

1．利益分化を核心として激化する社会分化

中国経済の急速な成長による社会分化は非常に深刻である。水平面では社会的異質性が増加し、垂直面でも社会構成メンバー間に地位的格差が生じた。このため社会はまとまりにくいものとなっていった。貧富の格差について見てみると、一方では中国の経済成長によって都市部と農村部の収入・支出は急速

に増加し、確かに国民の生活水準を全体的に底上げした。例えば農村住民のエンゲル係数は一九七八年の六七・七パーセントから二〇〇六年の四三・〇パーセントまで下がり、都市住民では一九七八年の五七・五パーセントから二〇〇六年の三五・八パーセントまで下がった。このことから都市部と農村部は全体的に貧困から脱却して、暮らし向きにある程度の余裕が生まれたことがうかがえる。またもう一方では歴史的、地理的、制度的、階層的要因によって、社会構成メンバー間の所得分配格差は拡大し続けた。ジニ係数（所得分配の偏りを示す数値。値が大きいほど収入格差は大きい）を見てみると、中国は一九八〇年におよそ〇・三であったのが、一九八八年には〇・三八二まで上がり、一九九四年には〇・四三四にまでなった。国際的警戒ラインの〇・四を初めて突破した年である。さらに二〇〇〇年になると〇・四五八にまで上昇し、毎年〇・1ポイントずつ増加した。中国社会科学院社会学研究所の二〇〇六年上半期サンプリング調査では中国のジニ係数はすでに〇・五にまで達しており、アメリカ、フランス、日本、イギリス、ドイツ、韓国などの〇・三〜〇・四を超えていた。中国における貧富の格差とは具体的に、都市と農村の格差、都市および農村の内部格差、地域間格差そして業種間格差を指す。例を挙げると都市と農村の間に見られる収入格差は、一九七八年は二・五七倍、一九八五年では一・八六倍と一旦は格差が縮まったものの、その後は年ごとに広がり二〇〇六年には大きく開いて三・二八倍となった。都市住民の収入に住宅、教育、医療等の社会福祉を加味したならば、その実質収入は農村住民の六〜七倍にもなる。

2. 国民生活に直接関与する事業の不振

確かに中国の経済発展は社会の発展に対して重要な役割を果たしており、文化教育、医療衛生、社会保障などの分野では重要な進展が見られ、公共サービスの提供能力は大幅に向上した。例えば中国教育部の統計データでは、二〇〇七年の青壮年の全国非識字率は三・五八パーセントまで下がり、小学校就学年齢児童（通常六、七歳）の純就学率（就学年齢を加味した数値）は九九・四九パーセントに達し、中学校の粗就学率（就学年齢を加味しない数値）は九八パーセント、高等学校の粗就学率は六六パーセント、大学等の高等教育専門機関の粗就学率は二三パーセントにまで達し、高等教育は大衆化しつつあった。しかしながらこうした社会事業の発展も、国民の日々高まるニーズにはいまだに応えられていない。

例を挙げると、教育の分野ではその公平性と質に関する問題がますます顕在化し、特に公平性の問題は解決が急がれる。公平性の問題は都市と農村間、地域間、教育種別間でのアンバランスや大きな格差に表れている。一方教育の質については主に教育理念、教育モデル、教育方法、教育内容といった方面での改革が遅れており、国家・社会・家庭の期待や要求に応えられていない。

医療衛生の分野では政府の資金投入不足が重大な問題である。中国衛生部の統計によると、一九八〇～九〇年代わが国の衛生関連支出額は政府の総支出額の六パーセントを占めていたが、二〇〇二年になると四パーセントまで減少した。この値は先進国よりはるかに下回っているばかりでなく、ほとんどの発展途上国よりも低いものである。年間衛生総費用の構成比を見ると、政府予算衛生支出は一貫して低く一五パーセント前後である。しかし個人の衛生支出は一貫して高止まり状態にあり、六〇パーセントあたりで安定している。このほかにも医療資源が大都市や大型医療施設に極度に集中していること、医療サービスの質、などについても大きな問題となっている。

社会保障の分野ではソーシャル・セーフティ・ネットもいまだに整備されておらず、国民生活の安全保障や社会的なリスクの対策も進んでいない。関連事業の足並みは揃わず、管理水準も低い。またシステムの法的保障も不十分である。

3. 社会構成メンバーの組織力弱化

新中国成立後、政府により、都市部には「単位（企業・機関・学校・軍・その他各種団体などの、各個人が所属する組織のこと）」を、農村部には「人民公社（大躍進のときに全国の農村につくられた政治的共同体）」が組織され、社会全体の再構築が行われ、社会構成メンバーに対する全面的コントロールが強化された。あらゆるタイプの単位は専門化された組織ではなく、政治・経済・組織的管理に関する広範囲な機能を担った準政府組織であり、また人間の文化的価値や社会・国家への帰属意識を形作っていった。国家は単位を通じてさまざまな社会資源を分配し、単位構成員の単位に対する従属意識を醸成し、社会の根本的秩序を維持した。しかしながらこうした社会の組織化は社会構成メンバーが自由に活躍できる場を制限し社会資源を独占したため、社会の活気と活力を奪い経済効率は悪化した。

一九七〇年代後半、活力を高め生産力を解放し社会の経済効率を重視するといった改革の中で、社会の組織方式に重大な変化が現れた。農村部では人民公社が解体し、郷鎮（行政区域の郷と鎮。県級の下位に属し郷と鎮は同レベル）が末端行政組織となり、郷鎮以下では次第に村民自治が行われるようになった。都市部では市場経済の発展、所有制の構造変化、企業改革の進展、雇用制度の改革、社会保障制度の充実、経済・社会に対する政府の管理方法に変化が生じ、改革以前の単位制度は大きな変貌をなした。単位構成員にとって単位はただの仕事場という概念でしかなくなり、以前のような単位構成員に対する全面的統御機能は失われた。このためある意味においては、従来の社会組織体系から脱け出し、自由な社会構成メンバーとして多くの時間を社会活動に費やすことができるようになったと言える。つまり「単位人」あるいは「組織人」から「社会人」に変わった。このような転換は個人レベルでは、社会構成メンバーに大きな自由を与え、社会の流動性を加速させた（特に農民の都市への大規模な流入）。社会レベルでは、単位の組織運営効率が高まった。しかしこれらは社会の根本的秩序の維持や、社会構成メンバーが有する合法的権益の保障、末端社会の管理推進にとって厳しい試練となった。

さまざまな非政府型・非営利型民間組織および末端コミュニティといった新しい組織体系への改革は急速に推し進められた。このような民間組織は急増したものの、その社会的機能は限られたものであり、各民間組織の成長度合いもまちまちであった。また民間組織が成長するための外部環境や内部規定もこれから整えられるところであり、民間組織を主体とする公民社会はいまだに成長発育段階で、成熟しはっきりした形をなすにはさらなる時間が必要であった。市場経済体制の完備、政府機能のバトンタッチ、一般大衆の社会参画拡張、末端による民主自治推進、公益事業の発展促進といった方面で民間組織が機能を発揮するにはさらに継続的な機能強化が必要である。

4．持続可能な社会にとっての環境面の弱み

環境資源は社会の運営や持続的発展に必要な物質的よりどころである。中国政府の環境保護事業は改革開放以前から行われていたが、改革開放後はさらに大きな進展を遂げた。一九八三年末に開催された第二回全国環境保護会議において、環境保護は中国の現代化建設における戦略的事業であり基本的国策であると明言している。中国は一九九二年の国連環境開発会議以来、環境と経済が同調・調和し発展し続けるといった持続可能な発展のための戦略を明確に強調してきた。二〇〇五年、中国政府は「資源節約型・環境配慮型社会の建設」という戦略目標を打ち立てた。二〇〇七年の中国共産党第十七回全国代表大会にて「生態文明」建設を提議し、二〇〇八年には環境保護部を正式に設置し、環境保護行政部門の位置づけを格上げした。環境汚染対策に国が投じた金額は確かに増加の一途をたどった。一九八一年の投入資金はわずか二五億元であったのが、二〇〇六年には二五六六億元にまで増え、一〇〇倍を超える増加であった。ＧＤＰに占める割合も一九八一年の〇・五一パーセントから二〇〇六年の一・二二パーセントまで増加した。

しかしながら中国経済が急速な発展をし続けたため、欧米先進国では一〇〇年かけて段階的に発生した工業化・都市化による環境問題が、わが国では集中的に発生した。わが国の環境と発展の間にある矛盾は深刻で、環境資源の枯渇、環境全体の悪化傾向は依然として好転の兆しを見せず、環境汚染や環境破壊に関する事件は頻繁に発生し、汚染と破壊がもたらす社会的トラブルは年々増え続けている。国民の生命・健康・財産を脅かす環境汚染・環境破壊の脅威は重大である。

資源状況については、わが国の一人当たり耕地面積はわずか一・四一ムー（一ムー＝約六六六・七平方メートル）しかなく、世界平均水準の半分にも満たない。淡水の一人当たり保有量は世界平均水準の四分の一しかなく、石油および天然ガスの一人当たり埋蔵量は世界平均水準のそれぞれ一一パーセントおよび4.5パーセントである。四五種主要鉱物資源の一人当たり保有量は世界平均水準の半分にも満たない。ここ数年、経済の加速的成長につれて国内資源はその需要を満たせず、石油や鉱産物といった重要資源の輸入はますます増え、海外市場への依存度は高まる一方である。予測では二〇二〇年になると、わが国の一次エネルギー需要量は三〇億標準炭トン（標準炭換算では一キログラム＝熱量七〇〇〇キロカロリー）を超え、石油不足量は二・五億トンに達し、天然ガス不足量は八〇〇億立方メートルに達し、必要とする石油の五六パーセント、天然ガスの四〇パーセントが輸入に頼らざるを得なくなり、実情はさらに深刻であると予測されている。環境破壊については長年にわたる大々的な開発、天然資源の浪費、有害物質の大量排出によって、水質汚染、大気汚染、植物乱伐、砂漠化、酸性雨といった問題はますます深刻化し、国民の健康や日常生活に重大な影響が及んだ。統計によると「十五（中華人民共和国国民経済と社会発展の第十次五カ年計画綱要）」前期のわが国の単位国内総生産（ＧＤＰ）当たり二酸化硫黄排出量は先進国の八～一〇倍であり、これは環境容量（環境収容力）の六六パーセント前後であり、あらゆる地域に酸性雨の被害をもたらした。またわが国の水質汚染物質排出量を自然浄化作用の許容量と比較すると八二パーセントも超えている。こうした状況により都市部河川の多くは汚水と化した。

未来に目を向けてみると、わが国の人口は増加の一途をたどり、経済は急速な発展をし続け、工業化や都市化もまた加速していくであろう。国民の生活水準や暮らしに対する要求も高まり、自然環境に対する要望も一層強くなっていく。このため資源節約と環境保護は共にわが国にとってさらに大きな課題となるであろう。

二、中国政府が重視する社会建設の推進

中国政府は一貫して経済と社会の調和ある発展の促進に努めてきた。「両手を握り締める（近代化の過程で物質的文明と精神的文明の両方を同時に進めること）」を重視し、「両手」ともおろそかにしてはならないことを強調してきた。実際に多くの成果が得られたが、中国政府はさらに発展戦略を系統立てて調整し、経済発展が直面している社会的試練に対応することを重視し、これらを二一世紀初頭から正

式に開始した。二〇〇二年に開催された中国共産党第十六回全国代表大会は大きな転換点といえる。これ以来科学的発展は中国発展の指導思想となり、社会の調和は政府が力を入れて取り組むべき重点事項となった。

１．人間本位主義的発展観の積極的な実施

科学的発展観は中国共産党第十六期中央委員会第三回全体会議において提示されたものである。それは人間本位主義的かつ全面的に調和のとれた、持続可能な発展を追い求めることを示している。また科学的発展観は経済発展やＧＤＰの成長を否定するものではなく、経済発展やＧＤＰの成長が結局は物質的文化に対する国民の膨大なニーズを満たし、人間の全面的成長を促すものだ、ということを主張している。

人間こそが発展の根本的な目的である。いわゆる科学的発展観の重要な意義は発展であり、その核となるのが人間本位主義だ。その目指すところは全面的調和による継続性であり、その基礎は各方面に配慮し統一的に計画・案配することにある。科学的発展観は、発展に関する国内外の経験や教訓を中国共産党が徹底して総括したものである。党および国家はこのプロジェクトを二一世紀の新しい時代から全面的に開始し、発展の意義を深めその概念を刷新し、発想を新たにして課題を解決し、重点戦略を打ち立てることに着手した。

「人間本位主義」は科学的発展観の核となる理念である。「人間本位主義」は「神本位主義」、「物質本位主義」に相対するもので、それが強調しているのは人間自身の価値であり、人間性でもって神性に立ち向かい、人権でもって神権に立ち向かい、人は物よりも尊いということである。ここで言う「人」とは、とある人、とある人たちといった抽象的な人間を指しているのではなく、厖大な人民大衆を指しているのだ。新しい時代、新しい段階に中国政府が「人間本位主義」を打ち出したのは、プロジェクトの進捗において客観的に存在する偏った非科学的発展観を対象としているからである。このような発展観によれば、発展とはつまり加速的経済活動や国内総生産（ＧＤＰ）の高度成長を意味するものであり、また国民の要求を無視し利益を損ない、経済や社会のバランスを乱し、社会の結束と調和を損なうものである。このような発展観はいわゆる「物を見て人を見ず」であり、その実態は「物質本位主義」的な考え方であって「人間本位主義」とは相反する。われわれが発展を進める上で人間本位主義を堅持することは、つまり人民の根本的利益を一貫して、党と国家が行う全てのプロジェクトの出発点および着地点とすることである。つまり人民の根本的利益を生み出し、守り、増やすことに尽力することであり、日増しに増加する人民の物質的・文化的要求に応え続け、人民のための発展、人民による発展、その成果を人民で分かち合う発展を成し遂げ、人間の全面的成長と経済・社会の調和を促進することである。

中国政府は、新しい時代、新しい段階に人間本位主義や科学的発展をはっきりと意識し、特に各方面に配慮し統一的に計画・案配することを重要視している。それは中国の特色ある社会主義事業における重点事項を正確に認識し適切に処理し、都市と農村の発展、地域の発展、経済と社会の発展、人と自然が調和した発展、国内の発展、そして対外開放を全面的に実施することである。また中央と地方の関係、個人の利益と集団の利益、部分的利益と全体的利益、現在の利益と将来の利益、これらを全体的に考慮しながら計画を進めるためには、各方面の積極性を十分に引き出すことも大事だ。国内と海外この二つの大局を見極め、国際的な観点を養い、戦略的思考を強化し、めまぐるしく変化する国際情勢にあって発展のチャンスを逃さず、リスクや試練に対処することを学び、良好な国際的環境を築き上げることも重要である。大局的な見地に立って計画と準備を進めるだけでなく、大勢に影響を及ぼすような重要任務や、民衆の利益に関わる重大な問題をしっかりとコントロールし、この発展を推進していかなければならない。政府はそう強調している。

2. 適切な対応と解決が望まれる社会の矛盾

中国の人口規模は膨大であり、経済はすさまじい勢いで成長し、工業化・都市化は急速に進められ、現代技術は大量に導入・刷新されており、組織と制度は絶え間なく調整と変革が行われている。これらがもたらす利益構造や価値観の変化もまた加速的であり本質に迫っている。さらに経済のグローバル化やあらゆる国際的要素の影響によって、中国社会に調和を乱すさまざまな要素が現れ、社会的矛盾は頻繁に発生し、さらには社会的危機をも生み出しているが、これらは当然起こるべくして起こったことである。中国政府はこのような事態を大変重く見ており、社会的矛盾の存在を直視し、真剣にその傾向性を分析しなければならないと考えている。その傾向とは、突発性、成長性、広範性、集団性、複雑性、可変性、および危険性といったものである。

しかし中国政府はかつての階級闘争的考え方に従って中国社会の矛盾とその本質を過度に誇張するといったことはせず、中国社会が直面しているさまざまな矛盾は、社会主義体制の下、すでに人民内部の矛盾（毛沢東が提起した革命政治論。人民間で起きる矛盾を指す）を主体としたものであり、制度の局部的不調和が引き起こしたものであって、その危害もまた局部的なものであり、そのためこの矛盾は制御可能であって解決が可能だ、と認識している。中国共産党第十六期中央委員会第六回全体会議の中で「社会の調和は中国の特色ある社会主義の本質的属性であり、国家の富強、民族の振興、人民の幸福に対する重要な保証となりうるものだ」と明言している。

中国の指導者はマルクス主義イデオロギーの中から社会の調和を実現するための理論的依拠を得、毛沢東、鄧小平らの主張した「人民内部の矛盾」論を継承し繰り広げた。毛沢東はかつて社会主義の基本的矛盾論を構築し、異なる二種類の矛盾に関する学説を唱えた。人民内部の矛盾は民主的方法で解決すべきだとし、またそこには「百花斉放、百家争鳴（学術や文学芸術面において、自由な雰囲気をつくろうという趣旨）」といった方針に基づいて科学・文化面における矛盾を解決し、「長期共存、相互監督（長期にわたって共存し、相互に監督する）」といった方針に基づいて共産党と民主党派の矛盾を解決し、「統籌兼顧、適当安排（国全体の利益と個人の利益とを考慮し、適切に計画・案配する）」といった方針に基づいて都市と農村、各階層間、国家・集団・個人の三者間、これらの矛盾を解決することなども含まれている。一方で鄧小平は、社会主義社会における格差を無くし共に豊かになることを強調した。あらゆる積極的要素を動員し、消極的要素を積極的要素へと変化させ、団結可能な力は全て団結させることの重要性を説いた。そしてこれこそが激化する社会的矛盾を回避するために避けては通れない道だ、と訴えた。

和を貴ぶ、小異を残して大同につく、矛盾を解消する、「大同（礼記礼運篇にある大同の世。国家も階級も無く、人々が平等で自由な理想社会を指す）」を追い求める、このような思想はまさに中国文化固有の知恵を余すところなく表している。「和を尊ぶ」という思想は著名な思想家孔子が掲げたものである。他にも墨子が掲げた「互いに分け隔てなく愛する」、「愛に差別なし」といった理想社会や、孟子が描いた「自分の親を敬う心を他人の親にまで及ぼし、自分の子供を慈しむ心を他人の子供にまで及ぼす」といった社会の有様、『礼記・礼運編』の中に示された「大同」という世界観などがある。また近代の思想家康有為は『大同書』の中で「人は皆仲良くし、人は皆平等で、世の中は公平である」といった理想社会を描いた。これらの思想は確かに異なる時代、思想家の異なる身分が反映されている。しかしそのどれもが、調和と安定のある暮らしに対する民衆の憧れをよく表している。中国の指導者は自国の伝統的文化の中からよりたくさんの知恵を汲み出し、社会主義制度を用いて社会構成メンバー間に調和の取れた関係を生み出すよう尽力してる、と言えるであろう。

3. 適切な行動の選択と社会の発展の推進

欧米の新自由主義経済学の学者は、いわゆる経済成長の「トリクルダウン効果（trickling down effect）」を大々的に吹聴し、経済が持続的に成長すればパイ（社会の財や利益）はますます拡大し、一切の社会的問題は遅かれ早かれ全て解決するであろう、と考えている。中国における発展の実践においてもかつてこのような「段階論」、あるいは「代価論」ともいえる誤った考え方や方法が存在した。経済や社会が均衡を失い調和を乱すのは、社会が発展する段階に特有の必然的な現象であり、経済発展にとって当然支払うべき代価であるとみなされた。しかし経済発展が一定水準に達したならば社会は新しい段階に入り、社会事業は自然と発展して社会の調和もおのずと実現する、と考えられている。今日、中国政府は欧米の新自由主義経済学を手放して、かつての誤った認識からすでに脱却している。経済発展が直面している非常に厳しい困難に立ち向かうときは、積極的行動を重視し消極的態度を否定する。しかし社会発展を推進することは中国の特色ある社会主義事業の全工程を走り抜ける、長期にわたる歴史的事業であり、経済発展の各段階・各レベルを無視して突破することは不可能である、ということも中国政府は十分に認識している。そして社会建設は地に足をつけ、遥か先を見通し、実力に応じて実行し、全力を尽くし、全体を見極め、力を合わせて推進し、建設を最優先にし、共に建設し共に享受することが大事であると考えている。

適切な措置により社会建設を推進するため、政府機能を変革し、公共サービスの提供に関する重要な役割を政府が十分に果たし、「サービス型政府」を建設することを中国政府は主張する。また基本的公共サービスを公共商品として全国民に提供することを提案し、公共財政制度の完備によって政府の保証能力を高め、基本的公共サービスの効果査定および行政問責を強化し、公共サービスに関する政府の責務を確実に全うするとしている。他にも国情に合致し、都市と農村の全てを対象とした持続可能な基本的公共サービス体系を構築・整備し、生活水準および公共サービスについて都市と農村の地域格差を着実に縮小し、基本的公共サービスの均等化を進め、発展の成果が国民全員に行き渡るように努める、と政府は主張する。しかし政府は、公共サービスを政府だけで提供することは考えていない。基本的公共サービスを提供するやり方は改革が必要で、競争メカニズムの導入や「政府購買服務（政府が実施していた公共サービスを民間に委託し、政府が買い取る政策）」の拡充、サービスを提供する主体者やその方法の多元化、が必要であるとしている。またこれと同時に、非基本的公共サービスの市場化改革を推進し、市場の参入基準を緩和し、さまざまな方法により社会資本が参画することを推奨し、多層的な供給能力を強化し、大衆の多様化したニーズに応える、と主張する。

制度の建設を重点的に強化するということもまた、社会の発展を推し進める上で政府が採択した重要な方針である。制度の建設は、社会の利益を調和させ社会の秩序を維持するために重要であり、社会の公平・正義にとって実質的な意義を持ち、また根本的な保証となる。社会が公平であるとは、何よりもまず制度が合理的であるということだ。なぜならば制度によって社会の基盤が決まるからだ。合理的な制度は、社会構成メンバーが社会に参画する上での権利・責任と利益の関係を明確に規定し、適切な社会的地位構造および社会資源の分配を実現する。このようにして秩序ある社会が生まれ、社会構成メンバーは自分に適した場所を得ることができ、各自の能力に応じて力を発揮し、調和の取れた人間関係を構築することが可能になる。合理的な制度による社会の公平とは、その制度によって社会構成メンバーが権利の公平性、機会の公平性、規則と分配の公平性を保証されていることを意味する。

中国共産党第十六期中央委員会第六回全体会議にて、社会の公平・正義を守るといった重大な役割を担う各種制度の建設に一段と力を入れ、政治、経済、文化、社会といった方面における国民の権利と利益を保護し、公民（公民権を有する人民）が法に則って権利を行使し義務を行うよう導く、と明言した。さらに民主権利保障制度の整備、人民が主体となる政治的地位の確立を行うこと、法律に関する制度を整備し、社会の調和に関する法の基盤を打ち固めること、司法体制・メカニズムを充実させ、司法により社会の調和を守ること、公共財政に関わる制度の整備、基本的公共サービスの均等化、収入分配制度の整備、所得分配の規範化を実施すること、そして社会保障制度を充実させ、国民の基本的生活を保障すること、などを明らかにした。

三、中国社会建設の重点

経済と社会の調和を促進し、中国の特色ある社会主義に関する事業の健全な持続的発展を推し進めるため、中国政府は二一世紀になると社会事業分野の建設を全面的に強化した。また中国共産党第十六期中央委員会第六回全体会議にて、二〇一〇年の主要な目標と任務を明確に提示した。そのうち最も重要、かつ影響が大きい内容は以下に示す三点である。

１．人民の生活に重点を置いた社会建設の加速的推進

度重なる討議と検討を経た後、中国共産党第十七回全国代表大会にて以下の内容が明確に打ち出された。中国社会建設の重点は経済発展という基礎の上にあり、国民の生活に対する保障と改善に特化すること。社会体制の改革を推進し、公共サービスを拡大し、社会の管理を進め、社会の公平・正義を実現すること。全人民に対して、学ぶ者には教育を、働く者には収入を、病める者には医療を、老いた者には保養を、家を求める者には住居を与え、調和のある社会の建設を推し進めること。これらの具体的内容は以下に示す六つの方面に示される。

一、教育の充実を優先させ、人的資源が豊富な強国を建設する。人間教育を基礎とし、道徳教育を優先し、素養教育を実施し、教育の現代化を推し進める。「徳智体美（徳育・知育・体育・美育の略で、

肉体と精神のバランス良い育成を指す）」の全面的に成長した社会主義建設の担い手を育て、人民の心にかなった教育を行う。教育体系を最適化し、義務教育の充実をバランスよく推し進め、「高中段階教育（日本の高等学校、専門高等学校に相当する教育）」の普及を加速し、職業教育の発展に力を入れ、高等教育の質を向上する。就学前教育を重視し、特殊教育に関心を抱く。教育観念を新たにし、教授内容やその方法、入試制度、レベル評価制度等の改革推進を行い、小中高生の勉強負担を軽減し、子供の総合的素養を高める。教育の公益性を堅持し、教育方面への財政投入を強化し、教育費用について規範化し、貧困地域や少数民族地域の教育を支持し、学生資金援助制度を完備し、経済的に貧窮している家庭や都市流入労働者の子供たちが平等に義務教育を受けられるように保護する。教師の育成強化、農村部の教師の素養向上を重点化する。教育を見守る社会の構築と規範化を行う。在宅教育と生涯教育を発展させ、全国民が一生にわたって学び続ける学習型社会を建設する。

二、就職機会拡大の発展的戦略を実施し、起業がリードする就業を促進する。積極的就業政策の実施を堅持し、政府による指導を強化し、市場の就業メカニズムを完備し、就業規模を拡大し、就業構造を改善する。自主起業、独立起業をサポートする政策を充実させ、就業観教育を強化し、より多くの労働者が起業家になれるよう支持する。全ての労働者を対象とする職業教育訓練制度を整備し、農村にあふれる労働者の転職訓練を強化する。統一化・標準化された人的資源市場を創立し、都市部と農村部の労働者が平等に職に就ける制度を設ける。全ての困っている人に開かれた職業支援制度を完備し、無職の家庭が就業問題を解決できるように機を逃さず援助の手を差し伸べる。卒業生に対する高等教育機関の就業プロジェクトを積極的に展開する。労働関係について調和と規範化を図り、農村からの出稼ぎ労働者に対する政策を整備・実施し、労働者の権益を法に拠って保護する。

三、所得分配制度の改革と都市部農村部の所得増加。労働に応じた分配を主体とし多様な分配方式が共存する分配制度を堅持かつ整備する。労働・資本・技術・管理などの生産要素を貢献寄与度に応じて分配する制度を充実させる。効率と公平の関係を考慮しながら第一次分配および第二次分配を行い、特に第二次分配は公平性を重視する。国民所得分配における住民所得の割合を段階的に引き上げ、第一次分配における労働収入の割合を引き上げる。低所得者の所得アップに力を入れ、貧困扶助基準および最低賃金基準を段階的に引き上げる。企業の従業員に対する正常な昇給と支給を保障する仕組みを構築する。より多くの民衆が資産性所得が得られるような環境を創り出す。合法な所得を守り、所得過多を調整し、違法所得を取り締まる。移転支出を拡大し、税収調整を強化し、独占的経営を打破し、機会の公平性を生み出し、分配秩序を改善し、所得分配の格差拡大を是正する。

四、都市・農村住民をカバーする社会保障システムを迅速に打ち立て、国民の基本的生活を保障する。社会保険、社会救済、社会福祉を基礎とし、また基本養老、基本医療、最低生活保障制度に重点をおき、慈善事業、ビジネス保険によって補い、社会保障システムを一日も早く整備する。企業、機関、事業、各単位における基本養老保険制度の改革を進め、農村養老保険制度を構築する。都市職工基本医療保険、都市住民基本医療保険、新型農村合作医療制度の構築を全面的に推進する。都市・農村住民最低生活保障制度を整備し、保障水準を着実に引き上げていく。失業保険、労災保険、出産・育児保険等の制度を整備する。各階層を統一的に計画・案配し、全国で統一された社会保険関連の譲渡・更新方法を制定する。多様な方式を採用し、社会保障基金を充実させ、基金の監督管理を強化し、資産価値の「保値・増値」を実現する。社会救済システムを完備する。「優待慰撫（軍人など特殊業務に従事した者およびその家族に対し、政府が特別に配慮して優遇・救済・配属を行うこと）」を成し遂げる。人道主義精神を養い、身体障害者事業、高齢者事業を強化する。防災対策を強化する。廉価賃貸住宅制度を整備し、都市の低所得住宅難世帯の住居問題を早急に解決する。

五、基本医療衛生制度を設立し、国民の健康水準を引き上げる。公共医療衛生の公益性を守り、予防を中心とし、農村に重点を置く。東洋医学と西洋医学を共に重視し、行政部門と事業部門を分け、監督管理と企画運営を別々にし、治療と処方を、営利性と非営利性を分ける。政府の責任と介入を強化し、国民健康政策を完備し、社会参画を鼓舞する。都市・農村住民を対象とした公共衛生サービスシステム、医療サービスシステム、医療保障システム、医薬品供給保障システムを構築する。安全で効果的な、便利で安価な医療衛生サービスを国民に提供する。重大疾病予防制御システムを整備し、突発性の公共衛生事件に対する応急対応能力を強化する。農村三級医療衛生サービスネットワークおよび都市コミュニティ医療衛生サービスシステムの建設を強化し、公立医療機関の改革を推進する。国家基本薬物制度を設立し、国民が安心して薬品を購入・使用できるように保障する。漢方医薬および民族医薬に関わる事業の発展を支持する。医療従事者の道徳と素養の教育に力を入れ、医療サービスの質を高める。食品・薬品の安全性を確保する。基本国策である計画出産を堅持し、低出産水準を維持し、出生人口の質的向上を図る。愛国衛生運動を展開し、婦幼衛生事業を発展させる。

六、社会管理を完備し、社会の安定と団結を守る。党委員会が指導し、政府が責任を負い、社会が協同し、民衆が参画する、そのような社会管理形態を完備し、末端社会の管理体制を完備する。社会の創造力、調和的要素を最大限に高め、不調和要素を最小限に抑える。人民内部の矛盾を正しく解決し、陳情制度を完備し、民衆の権益を保護する党・政府主導型の仕組みを整える。社会組織の建設と管理を重視する。流動人口サービス管理を強化する。安全な発展、安全な生産管理・監督を推進し、重大危険事故を撲滅する。突発性事件に対する応急管理体制を整備する。社会治安防備システムを完備し、社会治安の統治を強化し、平和構築活動に力を入れる。都市・農村コミュニティの警備業務を改革・強化し、違法・犯罪行為を法に依って壊滅し、国民の生命・財産・安全を保障する。国家安全戦略と国家安全体制を完備する。あらゆる分裂、潜入、転覆といった脅威に警戒心を高め、断固として阻止し、国家の安全を守る。

中国政府が公表したデータによると、「十一五（第一一次五カ年計画：二〇〇六～一〇年）」期間中、多額の財政支出が「三農（農業・農村・農民）」、教育、医療といった国民の暮らしに関わる分野に投入され、その支出総額は「十五（第十次五カ年計画）」時の約三倍あり、年平均増加率は二〇パーセントであり、中国のGDP年平均成長率をはるかに超えていた。二〇一〇年中国全国財政支出のうち、教育、医療衛生、社会保障と就業、保障性住宅、文化・スポーツ、農林業に関わる水利工事、環境保護、交通・運輸、都市・農村コミュニティ事務、穀類・油・生活用品の備蓄、地震災害後の復旧等に用いられた保障および国民生活改善に関わる支出合計は五兆九六〇一億八二〇〇万元に達し、全国公共財政支出の三分の二を占めていた。そのうち教育、医療衛生、社会保障と就業、保障性住宅、文化・スポーツ方面の合計支出は二兆九二五六億一九〇〇万元であり、全国財政支出の三二・六パーセントを占めていた。

2. コミュニティ建設に重点を置いた社会再構築の推進

単位制度の変革や激化する人口流動問題が引き起こした社会構成メンバー間の組織力弱体化に対応するため、中国政府はコミュニティ建設の強化に取り組んだ。その内容は末端コミュニティに対する住民の帰属意識を養い、移住者（特に「農民工：農村からの出稼ぎ労働者」）が移住先のコミュニティに溶け込めるよう尽力すること、社会構成メンバーの帰属意識および互いのリレーションシップと協力関係を強化すること、である。また社会構成メンバーによる自己組織、自己奉仕、自己管理を積極的に後押しし、さまざまなタイプの社会組織（民間組織）が健全に発展するよう指導することも含む。特に中国政府は末端党組織の結成に力を入れ、社会構成メンバーの動員・組織化に関する党の機能を保証した。

中国共産党第十六期中央委員会第六回全体会議では以下のように提議している。コミュニティ建設の推進を継続し、末端のサービスおよび管理ネットワークを整備する。都市コミュニティを全面展開し、農村コミュニティの建設を積極的に推し進め、コミュニティの新しい管理体制・サービス体制を完備する。秩序ある管理、整ったサービス、道徳的で穏やか、そのような社会生活共同体としてコミュニティ建設を進める。住民（村民）自治を整備し、住民（村民）委員会が政府に協力して公共サービスおよび社会管理事業を実施することを支持する。地域常駐単位、コミュニティ民間組織、不動産管理機構、専業合作経済組織、これらがコミュニティ建設において積極的機能を果せるようにする。政府による行政管理とコミュニティによる自己管理を効果的に連結し、「法に則した政府による行政」と「法に則した住民による自治」の相乗効果を高める。流動人口に対するサービスと管理を強化し、流動人口と現地住民が良好な関係を築くようにする。コミュニティ公共サービスを整備し、コミュニティの民衆的自助・互助サービスを展開し、コミュニティサービス事業を発展させる。また民政部の公表したデータによると、二〇一〇年末までの中国末端民衆自治組織の合計数は六八万二〇〇〇であり、そのうち村民委員会は五九万五〇〇〇、コミュニティ住民委員会は八万七〇五七であった。

中国政府は社会構成メンバーによる自己組織を奨励し、育成・発展と管理・監督を共に重んずる政策方針を堅持し、社会組織の健全かつ秩序ある発展を積極的に推進し、社会組織がサービスの提供、要求の反映、挙動の規範化といった機能を発揮できるように図った。また政府は社会組織の管理を改善し、統一登録制度を完備し、各自が自分の役割を果し、足並み揃え、等級に応じた責任を負い、法に依って監督管理する、そのような社会組織の管理体制を打ち立てることを提議した。政府は育成に重点を置き、特に経済型、公益慈善型、民営非企業型の単位および都市・農村コミュニティといった社会組織を優先的に発展させるとした。また業界団体、商業会議所の改革と発展を推進し、業界の自律性を強化し、企業と政府をつなぐパイプとしての機能を発揮できるようにした。特に弁護士、公証、会計、資産評価などの関連機関を支援および規範化し、教育、科学技術、文化、保健衛生、スポーツ、社会福祉といった分野において社会勢力が民営非企業型単位を結成することを奨励した。政府は扶助政策を整備し、政府部門から社会組織に機能を移転し、より多くの公共資源および領域を社会組織に開放し、税制優遇の種類と対象を拡大することを承諾した。民政部が公表したデータによると、二〇一〇年末までの全国の各種社会組織の総数は四四万六〇〇〇であり、そのうち社会団体が二四万五〇〇〇、民営非企業型単位が一九万八〇〇〇、慈善基金会が二二〇〇であった。

政府はさらに慈善事業やボランティアの発展を、社会再構築や社会統合を促進する重点事業として位置づけた。中国共産党第十六期中央委員会第六回全体会議および中国共産党第十七回全国代表大会では共に以下のように提議している。「慈善事業を発展させ、社会福祉に対する免税・減税優遇措置を整備し、社会全体の慈善意識を高める。互いにいたわり合い仕え合う社会を中心思想とし、都市・農村の社会ボランティア活動の展開を推し進め、政府や市場のサービスと互いに結び合った社会ボランティアシステムを構築し、男女平等、老いを尊び子供を守る、互いに愛し助け合う、正義と勇気ある行動、といった社会の気風を形成し、自分と他人を同様に大切にする社会を構築する」と強調している。

中国共産党は自身の組織建設を重視し、社会に対する動員力・組織力を維持することで成長し続ける、と強調している。中国共産党第十六期中央委員会第六回全体会議では、末端コミュニティの建設における党員および党組織の役割を強調し、末端党組織は人民の心を一つにし、発展を推し進め、調和を促進する重要なパイプとなるべきだ、と指摘した。また「社会主義新農村」の建設を軸として、農村末端党組織の建設を強化すべきだと考えている。企業、都市コミュニティ、国家機構および学校、科学技術研究機関、文化団体といった事業性単位の党建設事業を成し遂げる。新経済組織、新社会組織に関する党建設事業を推進し、党の事業範囲を拡大する。都市・農村一体型の党員動態管理システムを構築し、全ての党員が社会の調和を促進する良き模範となるように働きかける。民衆の視点を持ち、民衆を信じ、民衆を頼りとし、新たな情勢の下、民衆に関わる事業の特色と法則を真剣に検討して理解し、あらゆる方策を講じて民衆に関する事業を深く、きめ細かく、現実的に行い、党と民衆の親密な関係を維持する。これらも共に重要であると強調している。

3．生態文明の建設によって保障される社会の持続性

前述した通り環境資源は社会の営みと発展に重要な物質的基盤である。ますます深刻さを増す環境悪

化や資源の枯渇といった社会・経済の発展に対する試練に対応するため、中国政府は環境保護に特化することを社会建設の重要な項目・骨組みとし、資源節約型、環境配慮型社会の建設を提議した。中国共産党第十七回全国代表大会の報告にて「生態文明」建設が明確に打ち出された。それが目指すところは、二〇二〇年にはエネルギー・資源節約型、生態環境保護型の産業構造、成長方式、消費モデルがほぼ構築されており、循環型経済はさらに発展し、エネルギー再利用率は顕著に向上し、主要汚染物質の放出量は制御され、生態環境は顕著な改善が認められ、「生態文明」の概念が社会全体にしっかりと根を下ろしている、そのような社会である。

二〇一一年三月一六日、新華社が権限を与えられ「中華人民共和国国民経済と社会発展の第十二次五カ年計画綱要」を公布した。この中で特別に紙面を割き「グリーン経済発展　――資源節約型・環境配慮型社会の建設」と題して、地球規模の気候変化に対応し、資源の節約と管理を強化し、循環型経済を大いに発展させ、環境保護に尽力し、生態系の保護と修復を促進し、水利工事や防災・自然災害対策に関わるシステム構築を強化する、などの重大プロジェクトを提示した。「綱要」ではさらに以下のことについて提言している。日ごとに資源環境に対する制約が厳しさを増している中、危機意識を高め、環境配慮型・低炭素型発展理念を確立する必要がある。エネルギー節約・有害物質放出量削減を重点とし、推奨と制約の仕組みを完備し、資源節約型・環境配慮型生産方式および消費モデルを迅速に打ち立て、持続可能な発展力を強化し、「生態文明」レベルを引き上げる。特にエネルギー節約、有害物質放出量削減に関する推奨と制約の仕組みを完備する。エネルギー構成を最適化し、エネルギー総消費量を合理的にコントロールし、資源性商品の価格決定メカニズムおよび資源・環境関連税制を整備し、エネルギー節約・有害物質放出量削減に関する法律・法規・基準を完備し、目標・責任・評価を明確にする。資源節約と環境保護を生産、流通、消費、建設といった各分野にわたって徹底する。

「綱要」はさらに第十二次五カ年計画期における資源節約・環境保護方面の具体的目標を明確にしている。全国の耕地保有量を一八・一八ムー（一ムー＝約六六六・七平方メートル）に維持する。単位工業付加価値当たりの用水量低下率は三〇パーセントとし、農業灌漑用水有効利用係数を〇・五三まで引き上げる。非化石エネルギー消費量の一次エネルギー消費量に占める割合を一一・四パーセントにする。国内総生産当たりのエネルギー消費を一六パーセント削減し、国内総生産当たりの二酸化炭素排出を一七パーセント削減する。主要汚染物質の総排出量を大幅に削減し、化学的酸素要求量、二酸化硫黄排出をそれぞれ八パーセント削減し、アンモニア性窒素、窒素酸化物の排出をそれぞれ一〇パーセント削減する。森林被覆率を二一・六六パーセントまで引き上げ、森林蓄積量は六億立方メートル増やす。

今後、全国民の環境意識レベルを継続的に向上し、環境保護技術の開発、関連制度の構築、環境保護への投資強化といった基礎の上に、以下に示す各関係について適切に処置することは、環境保護を推進し、持続性可能な発展を実現し、「生態文明」を建設する上でも重要である。一、経済発展と環境保護の関係。二、社会公正と環境保護の関係。三、政府の環境保護と民間の環境保護の関係。四、中央政府と地方政府の関係。五、部門ごとの環境保護と全体の環境保護の関係。六、環境保護事業における行政手段と法的手段の関係。七、環境保護事業における「ハード面」と「ソフト面」の関係。八、環境破壊に対する個別の責任と共同の責任の関係。九、環境紛争に関わるさまざまな当事者間の関係。十、環境整備における局部性と全局性の関係。

第3章　中国の特色ある政党制度

政党制度とは、政党が国家権力を行使することによって、政治活動の方式や方法、プロセスを国家が実行する制度的規定のことである。政党制度は国家政治制度の重要な構成部分であり、国の法律が規定した政党運営に関連する規則ともいえるし、また実際の暮らしの中に形作られた政党運営に関わる伝統とモデルともいえる。それは政党と国家政権の関係を含み、また各政党間の関係をも含んでいる。経済のグローバル化、世界の多極化、科学技術のすさまじい発展といった時代背景の下、政局の安定、経済・社会の発展、ひいては世界全体の秩序に対して、政党および政党制度は絶大な影響力を及ぼすようになり、これに対し以前にもまして多くの人が注目するようになった。

中国の政党制度は、中国共産党の指導する多党協力と政治協商制度であり、略称を多党協力制度という。これは中国の特色ある社会主義政党制度であり、欧米諸国の二党制や多党制とは異なり、またある国が採用している一党制とも異なったものである。わが国の政党制度は、長きにわたって実践してきた革命、建設、改革の中から生まれ発展してきたもので、中国の国情に合致し、独特の優位性を有している。また人民代表大会制度、民族地域自治制度、末端民衆自治制度などと共に、中国の特色ある社会主義政治制度を構築し、現代中国の発展と進歩に制度的保障を与えている。中国発展の力強さはとどまるところを知らない。そしてますます多くの人が中国の政党制度に対して深い興味を抱くようになった。ここでは政党制度の面から「中国の道」の奥義を説明してみたいと思う。

一、国情に合致した多党協力制度

国情とは、ある国の政治、経済、思想、文化などが互いにつながり合って作用する「過去」と「現在」の総和であり、政党制度を決定する根本的要素である。地球上に存在するいかなる政党制度も人間の主観によって考え出されたものではなく、特定の国情の下で形成・存在・発展してきたものだ。ある国がどういった政党制度を運用するかはその国の国家的性格、社会構成、経済発展状況、歴史、文化、伝統などといった国情によって決まる。**中国の政党制度は、中国の独特な社会と歴史の下に形成・発展してきたものであり、奥深い歴史的ルーツと幅広い社会的ベースを有している。**

1．多党協力制度の構築は近代中国発展の必然

なぜ中国は多党制を選ばず、中国共産党の指導する多党協力と政治協商制度を実施したのであろうか？　中国の歴史からその答えを探ってみたい。二千年余りの長い封建・専制統治下にあって、中国には本当の意味での政党というものが無かった。一八四〇年、欧米列強はアヘンを用いて長い間閉ざされていた中国の門を押し開けた。中国は次第に半植民地・半封建社会へと化し、対外的には独立できず、国内には民主化が見られず、非常に貧弱で、戦乱の絶えない状態となった。国家と民族の危急を救うため、志に燃える者達が欧米の政治学説や政党論を学び政治結社を組織した。一九〇五年、孫文は中国で初め

ての資産階級革命政党―中国同盟会を結成し、近代中国における政党政治の幕開けとなった。しかし近代中国の半植民地・半封建社会的性格と社会の矛盾は、中国の経済構造と階級関係を非常に複雑なものとし、帝国主義と封建・専制の勢いを増長させ、民主意識と民主伝統はいたって不十分であった。当時の中国は封建経済と資本主義経済が共存し、官僚資本主義経済と民族資本主義経済が共存しており、階級関係は両端が小さく中央が大きい、そして両端が強く中央が弱いといった特徴を示していた。帝国主義と封建主義の狭間に生まれた民族資本主義経済はとてももろく、民族資産階級は生まれながらの軟弱性と妥協性を併せ持ち、また帝国主義と封建勢力の妨害にさらされていた。このような歴史的社会背景の下、中国が独立発展的資本主義の道を歩み、強大な資産階級政党を構築し、資本主義的政治制度・政党制度を打ち立てることは不可能であった。

辛亥革命の後、中国は一度だけ欧米に見習って議会制と多党政治を行ったことがあった。政党は林立し、大小合せて三〇〇余りとなった。彼らは議会制民主主義や政党争いによって議席の奪い合いを演じていたが、経済的、文化的条件や政治環境が整っておらず、多党制はわずか三カ月実施されただけであった。国民党党首の宋教仁が刺殺されたことにより、多党制のはかない夢は終わりを告げた。このことが説明しているのは、近代以来の中国は欧米の政党制度が根付けるような土壌ではないということである。

一九二七年、大革命（第一次国内革命戦争）が失敗に終わると、蒋介石は国民党による一党専制の政党制度を打ち立て、かたくなにも「一つの主義、一つの政党、一人の指導者」といった独裁統治を強行し、中国を苦しみの境地に追い込んだ。抗日戦争（日中戦争）勝利後、蒋介石率いる国民党は、中国共産党が提議した多党協力による政治協商の実施や、民主連合政府の樹立といった政治主張を退け、公然と停戦協定および政治協商を破棄し、全面内戦を強行した。しかし最終的には政治面の孤立、経済面の崩壊、軍事面の失敗を招いた。中国大陸における国民党政権の徹底的崩壊によって、民主政治の潮流に逆らう一党専制は、中国においても成り立たないことが明らかになった。

近代中国の政治的背景を俯瞰してみると、政党政治が勃興した時代や政党制度の模索に曲折を経た時代もあったが、しかし多くの政党が現れては消え、あるいは反動的行動の末没落していった。近代以来、中国における革命の本質と任務は、中国独特の「革命の道」を歩ませただけでなく、独自の政党制度を構築するよう迫った。時代はこのような任務を中国共産党に課すようになる。

2．多党協力制度の構築は中国共産党の偉大なる創造

政党制度の存在と発展は全て、客観的環境と主観的環境によって決まる。この意味において、中国共産党の指導による多党協力と政治協商制度は歴史的な必然でもあり、またマルクス主義政党論に対する中国共産党の独創的発展でもある。マルクス主義の先進的政党である中国共産党は、革命の道と中国の特色ある社会主義の道を模索し続け、どのような政党制度を選択すべきか長い間悩み苦しんできた。そ

してついに欧米の多党制を捨て、スターリンのような一党制でもない、中国の特色を鮮明にした多党協力制度を構築した。

毛沢東を代表とする中国共産党は、マルクス主義の統一戦線論および政党論を中国の具体的な実情と結合させ、団結しうる力は全て団結し、連合しうる政党は全て連合し、最も広範囲な統一戦線を構築すると宣言した。大革命および抗日戦争の時期、中国共産党は前後して二度「国共合作（国民党と共産党が協力すること）」を働きかけた。一党一派一階級による専制はありえないと、中国共産党は繰り返し明確に表明してきた。「政権問題においてわれわれは統一戦線政権を主張し、他の党派による一党専制も共産党による一党専制も支持しない。われわれが主張するのは各党、各派、各界、各軍による連合専制だ（『毛沢東選集』、二版、第二巻、七六〇ページ、北京、人民出版社、一九九一年）」。中国共産党は広範囲な統一戦線の構築により、民主党派を含む一切の進歩的な力を束ね、民族の独立と人民の解放を勝ち取る巨大なパワーを結集した。

一九四八年四月三〇日、人民解放戦争にて決定的勝利を収めるといった状況下、中国共産党中央委員会は有名な「五一口号（メーデー・スローガン）」を発表し、民主諸党派、各人民団体、その他社会的名士に対し、政治協商会議を速やかに開催することを呼びかけた。こうして民主連合政府が樹立した。この呼びかけに民主諸党派や「無党派民主人士（どこの党派にも属さずに、人民民主運動に参画した知名人）」はすぐさま応じ、相継いで同文電報を発信したり、声明、公告、宣言によって中国共産党の政治主張を擁護した。一九四八年の後半年、民主諸党派は中国共産党中央委員会および毛沢東主席の招請に応じ、党派代表は相継いで解放区の西柏坡（せいはくは：河北省石家庄市平山県に位置する）、ハルビン、大連、そして後には北平（現在の北京）に参集し、「新政協（新政治協商会議）」の計画準備にあたり、建国という大事業を共同で進めた。一九四九年九月北平にて、中国人民政治協商会議第一期全体会議が厳かに開催された。このことは中国共産党の指導する多党協力と政治協商制度が樹立したことを示している。こうして中国政党制度は新たな一歩を踏み出すことに成功した。

新中国成立初期に毛沢東は、一部の人間に対して民主党派の考え方を取り除くため「一本の毛髪」と「一掴みの毛髪」の関係について語り、「大きなビルを建てるのに、一本の木では支えられない」、「二つの万歳」といったスローガンを打ち出し、「長期共存、相互監督」という基本方針を制定した。こうして多党協力は初めての春を迎えた。反右派闘争の後、党内に「左」の誤った考えがはびこったため、階級闘争の情勢と民主党派の実質に対して誤った判断を下し、多党協力はひどい挫折を味わった。しかし党の第十一期中央委員会第三回全体会議にて混乱を全面的に治めることができ、多党協力は第二の春を迎えた。

改革開放以来三十数年、中国共産党は多党協力の歴史と経験を科学的に総括し、里程標として三つの重要な公文書を前後して作成した。それらは一九八九年一二月三〇日に公布された「中国共産党の指導する多党協力と政治協商制度の堅持と完備に関する中共中央の意見」、二〇〇五年二月一八日に公布された「中国共産党の指導する多党協力と政治協商制度建設のさらなる強化に関する中共中央の意見」、二〇〇六年二月八日に公布された「人民政協事業の強化に関する中共中央の意見」である。これらの公文書は新たな一連の理論的観点と政策措置を打ち出した。その中で、多党協力と政治協商制度はわが国の基本的政治制度であること、新時代における民主諸党派の本質と地位について、中国共産党と民主諸党派が協力する政治的基盤について、を明確にし、また中国共産党と民主諸党派が協力する基本方針を整備し、民主諸党派の政治参画に関する主な内容とその手順を明確にした。これによって中国の特色ある社会主義政党制度構築に関する規約の認識は深まり、中国共産党の指導する多党協力と政治協商制度の堅持と整備に、理論的指導と政策のよりどころを与えた。党の十五大（中国共産党第十五回全国代表大会）、十六大、十七大はみな、党の基本綱領と基本経験に多党協力のことを盛り込み、一九九三年第八期全国人民代表大会第一回会議にて可決された憲法修正案にも「中国共産党の指導する多党協力と政治協商制度は長期にわたり存続し、発展していくものである」と加筆された。このようにして当該制度は憲法に正式に記載され、国家の意志にまで高められ、憲法の後ろ盾を得るようになった。

このことからも分かるように**中国共産党は多党協力をその場限りの計画ではなく、長期にわたって存続する基本的政治制度とした。**六〇年余りの多党協力発展の過程において、中国共産党はあらゆる障害を排除し、一連の公正な多党協力の方針・政策を制定・実施してきた。このことは、多党協力が今後順調に発展していく上での大切な前提と根本的な保証となった。

3．多党協力制度の構築は民主諸党派の厳かな選択

多党協力制度の「多党」とは中国共産党と民主諸党派のことである。一九四九年九月の新政協（新政治協商会議）開催時には一一の民主党派が参加し、同年末には三民主義同志連合会、中国国民党民主促進会が中国国民党革命委員会に統一合併され、また中国人民救国会は解散し、その構成員の多くが中国民主同盟やその他の政党に加わった。このようにして残った八つの民主党派が発展し続け今日に至っている。それらは以下の通りである。中国国民党革命委員会、略称は民革。一九四八年一月一日香港にて結成。元中国国民党民主派およびその他愛国的な民主派人士によって構成される。主な創立者は宋慶齢、何香凝、李済深。中国民主同盟、略称は民盟。一九四一年三月一九日重慶にて結成。構成員は主に都市中産階級および彼らと関係のある愛国知識人ら。主な創立者は張瀾、沈鈞儒、黄炎培、章伯鈞。中国民主建国会、略称は民建。一九四五年一二月一六日重慶にて結成。結成当初の主な構成員は、愛国精神のある民族的商工業界の人士および彼らと関係のある知識人ら。主な創立者は黄炎培、胡厥文、章乃器、施復亮。中国民主促進会、略称は民進。一九四五年一二月三〇日上海にて結成。主な構成員は教育・文化・出版に従事する専門知識を有する知識人ら。主な創立者は馬叙倫、王紹鏊、周建人、許広平。中国農工民主党、略称は農工党。一九二八年春に発足、一九三〇年八月九日正式に結成。前後して数回改称する。構成員は主に国民党左派人士。主な創立者は鄧演達、黄琪翔、章伯鈞、彭澤民。中国致公党、略

称は致公党。華僑結社より発足。一九二五年一〇月一〇日アメリカのサンフランシスコにて結成。構成員は主に華僑。主な創立者は司徒美堂、陳其尤。九三学社、略称は九三。一九四六年五月四日重慶にて結成。構成員は主に科学技術界の知識人。主な創立者は許徳珩、潘菽、塗長望、梁希、褚輔成。台湾民主自治同盟、略称は台盟。一九四七年一一月一二日香港にて結成。構成員は主に中国大陸在住台湾省籍の愛国的な民主派人士。主な創立者は謝雪紅、楊克煌。

中国の民主諸党派のうち一部の党派は土地革命戦争期に発足し、その他多くが抗日戦争（日中戦争）や解放戦争（中国の第三次国内革命戦争）の時期に発足・活躍した。こうした民主諸党派は中国の土壌に生まれ育ったため、欧米の政党とは幾分異なる特徴を有していた。その一つが、民主諸党派は議会闘争から生まれたのではなく、激しい民族闘争や階級闘争の中から生まれた、という点だ。資本主義が十分に発達し、資産階級の影響力が相当に強い資本主義社会から生まれたのではなく、資本主義は幾分発展しているものの、まださまざまな制約を受けていた半植民地・半封建的な旧中国社会において生まれた。そのため民主諸党派は当初から基盤が脆弱で、政党の形態や機能も十分に整っていなかった。二つ目が、民主諸党派は単一階級の政党ではなく、知識人を主体とした連盟的な政党である、という点だ。民主党派内部にはこれまで一度も「完全に一色」といった状態が存在したことがない。その構成員はさまざまな社会階層や諸団体から集まったものであり、内部は複雑で、進歩・途上・落伍といった政治分野が混在していた。三つ目が、政治面では進歩性と不安定性が共存している、という点だ。民主諸党派の初期政治綱領には二面性があり、その政治的態度は不安定であった。反帝国主義、反封建主義、反官僚資本主義といった革命的使命と同時に、資産階級民主といった色合いも帯びていた。民主諸党派はこうした特徴により、民主革命時代には積極的に反帝反封建闘争に参戦し、中国共産党の同盟者となった。中国共産党と共に戦い、社会主義時代には共に前進し、共に試練を経験した。それでも民主諸党派は中国の政界において指導的政党にはなれず、中国共産党の指導によってその前途に光明を見出すのみであった。

中国民主諸党派は民主革命において栄えある歴史を彩ったこともある。彼らの多くが民族独立のため、国家富強のため、人民の自由のために全力を尽くした。命を捧げ、熱血を注ぎ、中国の革命の歴史に多大な功績を残した。彼らもかつては中国共産党と協力し、困難を共に切り抜け、艱難を共にした親密な友好的政党であった。抗日戦争にて勝利を収めた後、民主諸党派は国民党と共産党の間に「第三の道」を切り開こうと試みたことがある。それは中国に資本主義制度を打ち立て、多党制を実施することであった。しかしながら蒋介石は非情にも民主を押さえ込み、日増しに勢力を増す民主党派を圧殺するような政策をとった。民主党派は違法な組織であると宣言し、中国が資産階級による議会民主や多党制へと向かう道を徹底的に破壊した。こうした背景の下、民主諸党派はついに幻想を捨て、中国共産党中央委員会が発布した「メーデー・スローガン」に積極的に共鳴するようになった。このことは民主諸党派が共産党に共感・賛同し、そしてついには自主的に共産党の指導に従うことを告白するにいたる抜本的な転換を行ったことを示している。このようにして民主諸党派は新民主主義および社会主義の道を歩み始めた。

このような歴史的事実が物語っているのは、中国共産党の指導する多党協力と政治協商制度は決して人為的に強制されたものではなく、中国独特の経済・政治・文化的伝統といった土壌に根を下ろしたものだ、ということである。またそれは、近代以来の中国が歴史的な発展を遂げた必然的結果でもあり、民主諸党派の正しい選択でもあった。共産党と人民政治の知恵の結晶でもあり、そしてマルクス主義政党論と人類の政治的文明に対する、中国共産党の偉大な貢献でもあった。

二、多党協力制度の特色と機能

中国共産党の指導する多党協力と政治協商制度は、中国の特色が鮮明な新型政党制度であり、多党協力制度の特色と機能には、中国政党制度の優位性が凝縮されている。

1. 多党協力制度の特色

中国多党協力制度の特色は主に二つの方面に示される。

その一つは、政党関係の調和である。中国政党制度にあって共産党は指導的地位にあり、この指導的地位を堅持することは中国政党制度の前提条件であり、世界のその他の政党制度と区別される根本的な特色でもある。このことについて欧米のある学者は中国民主党派を「衛星党」と名づけた。中国国内においてさえ民主党派のことを「政治のお飾り」と言う者がいる。彼らからすれば政党である以上、指導側と被指導側といった関係はあってはならない。しかし中国共産党による指導を堅持することは、決して一党制を行うことではない。共産党と民主諸党派の関係は、共産党が指導し多党派が協力する、共産党が政権を握り多党派が政治に参画する、といったものである。民主諸党派は野党でも反対党でもなく、共産党と力を合わせ協力する親密な友好的政党、参政党である。民主諸党派に対する共産党の政治的指導とは、つまり政治の方向性や原則に対する指導である。それは組織上の指導ではなく、ましてや行政上の従属や服従を意味するものでは決してない。共産党は民主諸党派との関係において尊重・信任・平等といった原則を守っている。民主諸党派は憲法の規定する権利や、責任範囲内の政治的自由、組織の独立、法的平等性といったものを享受できる。民主諸党派が自主的に自身の内部業務を行い、執政環境を改善し、さまざまな活動を展開することを、共産党は支持し応援している。そして民主諸党派の構成員およびその関係者に対し、彼らの合法な権益と道理にかなった要求を守っている。中国の政治・社会分野には五つの大きな「関係」が存在する。そのうち「政党関係」はトップに位置し、政党関係の調和は、社会の調和のために重要な政治的基盤である。政党関係を正しく認識し対処することは、「民族関係」、「宗教関係」、「階級関係」、「国内外の同胞関係」の調和に対して大きな意味を持つ。

中国多党協力制度の特色の二つ目は、協力範囲の広範性である。中国政党制度は長い模索の時を経て、系統だった運営メカニズムを段階的に形成してきた。共産党と民主諸党派の協力は主に人民代表大会、中国人民政治協商会議、国家機構、および政党間の直接協力といった一連の運営メカニズムによって実現するものである。その内容は政治・経済・文化・教育・外交など社会生活に関わる各方面に及んでいる。

民主諸党派は参政党であるが、その参政の基本は「一つの参加、三つの参画」に要約される。一つの参加とはすなわち国家機構に参加することであり、三つの参画とは、国の政治方針や指導者選出を行う政治協商会議への参画、国家機関の事務管理への参画、そして国の方針政策・法律法規の制定と執行への参画、を意味している。具体的には民主諸党派の構成員が各級人民代表大会の代表を務めることで、国家権力機関において施策・政策に意見を述べるといった職責を果すことである。また民主諸党派は政党の立場から、人民政治協商会議という統一戦線組織や協議機関の中で職責を果すことができる。民主諸党派の構成員は各級政府機関の実務担当を通して国政に参画できる。また民主諸党派の中央および地方組織は調査・研究を実施し、共産党と政府に対して意見、提案、議案を提出することができる。統計によれば、現在、全国の各級人民代表大会代表のうち非共産党員は十八万人強、各級政治協商会議委員のうち非共産党員は三五万人強、各級政府・司法部門のうち県級以上の指導的職務に就いている非共産党幹部は三万二〇〇〇人である。その他にも国務院および各級地方政府は非共産党員七〇〇人強を政府参事室参事として招聘し、一三〇〇人強を中央および地方の文史研究館館員として、一万七〇〇〇人を各種特別招聘者として招聘している。また二〇〇七年四月、当時の中国致公党中央副主席・万鋼は全国人民代表大会常務委員会にて科学技術部部長（部長は日本の大臣に相当）に任命され、その二カ月後、無党派人士の陳竺も衛生部部長に任命された。非共産党員が政府の部（日本の省）や委員会において正の職位を担ったことは国内外に強烈なインパクトを与えた。このような共産党と民主諸党派の協力の、範囲の広範性、形式の多様性、組織の安定性は、中国政党制度の際立った特色である。

2．多党協力制度の機能

中国多党協力制度の機能をまとめると、政治参画機能、要求表明機能、社会統合機能、民主監督機能、安定維持機能であり、具体的には以下の通りである。

その一、社会主義民主政治の発展への寄与。中国共産党の指導する多党協力と政治協商制度は、政党制度において人民が主人公となり具体的に表現したものだ。当該制度特有の「協議民主（討議民主主義）」と人民代表大会による民主の選出は互いに補充・補完するもので、中国における民主の基本形式を共に築き上げた。また中国共産党の指導する多党協力と政治協商制度を維持することは、各党派、各階層、各団体の秩序だった政治参画の道を開拓し、彼らの要求表明と政治的要望を実現し、党と国家の重大な意思決定を民主的・科学的に行うよう促し、社会主義的民主の幅を広げ奥行きを深める。

その二、社会の調和と安定への寄与。中国政党制度における共産党と民主諸党派の関係は、互いに深く理解し合い、心底打ち解け喜びも悲しみも分かち合う、といったものである。このような調和の取れた政党関係は、互いに協力はしても相手に盲従しない、自分と異なるものも全て受け入れる、といった中華民族の誇らしい伝統を表したものであり、安定した国家、安心する人民といった理想を具現したものである。またこのような良好な関係は政党間の派閥争い、権力争いといった社会的内紛や、政党・政権交替による社会の動揺を回避する。そして積極的要素の動員に力を貸し、社会に利益をもたらし、調和と安定ある政治、長期安泰な国家を維持するものである。

その三、科学的発展への寄与。「発展」は共産党が政務をつかさどり国益のためになすべき最重要任務であり、民主諸党派にとっても政治参画上の最重要任務である。共産党と民主諸党派は中国の特色ある社会主義事業に共同で尽力し、多党協力は経済建設、政治建設、文化建設、社会建設など各方面で徹底されている。民主諸党派はその人材と英知を十分に発揮し、コンサルティング、民間教育事業、教育による自立援助、救済資金協力、国際交流といった活動を幅広く展開している。このように全方位、全階層的に社会活動に参画し、経済社会の最速・最善な発展に貢献している。

その四、執政党強化への寄与。現代の政党政治にとって「監督」は、取り扱いの難しい問題である。共産党と民主諸党派は長い間共存し互いを監督している。特に民主諸党派が共産党を監督するといったやり方は、一党制がもたらす監督機能欠如によるさまざまな弊害を回避できる。共産党に対する民主諸党派の民主的監督は一種独特な政党間の監督方法であり、社会主義監督システムにおいて重要な位置を占め、他の監督方法では代替不可能な役割を果たしている。参政党による民主的な監督を強化することで、執政党は常に異なる意見を聞くことができる。また党のスタイルやイメージを常に先進的に保ち、誤った気風や腐敗事件の発生を未然に防ぐことが可能となる。

中国の政党制度は、合理性と適応性を備え国情に合致しているため国家の発展、民族の団結、経済の繁栄、社会の進歩に最も貢献できる完全な基本的政治制度である。このことは歴史と現実が繰り返し証明している。

三、多党協力制度のさらなる発展

中国共産党の指導する多党協力と政治協商制度は、六十数年にわたる発展の過程において生き生きとした生命力を顕示し、中国の特色ある政治発展の道が正しいものであることを証明してきた。しかし中国の政党制度自体に不完全な点が全くないわけではない。このため新たな状況や問題に直面しており、あらゆる方面から圧力と試練を受けている。こうした中、いかにして時代の要請に応じ国際環境や国内情勢の新たな変化に対応するか、いかにして政党制度の優位性を発揮し強大な生命力を解放することができるか、これらはわれわれが真剣に取り組むべき重大な課題である。

１．堅持すべき政党制度の公正な基準

多党協力制度には不完全な点がいまだに存在しており、加えて欧米の政治思想と価値観の影響を受け

ているため、ある人たちは中国多党協力制度に対し懸念と混乱した認識を抱いている。また一党制を専制とみなし多党制は民主と等しいと考える人もいる。こうした人たちは往々にして欧米の政党論を中国政党制度に単純に当てはめ、欧米の価値基準で中国政党制度を推し量ろうとする。そして中国の政党制度は民主に欠け欧米式多党制の方が優れており、欧米諸国のように「多党競争」、「政権交替」を実施すべきだと考える。このような認識が生まれる主な理由の一つは、彼らが中国の具体的国情から離れ、欧米諸国の政党制度モデルを中国政党制度の判断基準とし、それぞれの政党制度が有する本質的違いを混同しているためである。中国の政党制度は確かに「多党」という言い方をしているが、欧米の多党制とは本質的に異なっている。そこには中国と欧米間の歴史的背景の違い、経済基盤の違い、社会基盤の違い、指導思想の違い、政党の活動範囲と目標の違い、各政党間関係の違い、政党と政府間関係の違いが存在する。こうした違いを正確に把握しなければならない。全ての国に普遍的に適用できる政党制度モデルなど世界には存在しない。また全世界にあまねく通用する政党制度基準といったもの当然存在しない。このことに対して中国は自国の基準を固く守らなければならない。つまり実践基準と生産性基準、政党本質と社会機能の整合を図る必要がある。そして社会生産力の持続的発展と社会の全面的進歩を推進できるか否か、人民の民主を実現・発展させ、党と国家の活力を増強し、社会主義制度の特色と優位性を保持・発揮できるか否か、また国家・政局の安定および社会の平安と結束を維持できるか否か、厖大な国民の根本的利益を実現・維持できるか否か、これらを政党制度の判断基準とすべきである。

2. 多党協力の制度化、規範化、プロセス化

中国の民主政治が発展するためには政党制度のレベルはまだそれほど高くなく、運営メカニズムもまた規範化が不十分である。プロセス化も具体的とはいえない。そのため執政党と参政党は不断の自己開発を行い、共産党の指導力、執政力を強化し、参政党の参政力を引き上げる必要がある。その上で多党協力の制度化、規範化、プロセス化を強化し、運営メカニズムの完備に努めなければならない。具体的には参政党の政治参画の道を広げる、人民代表大会代表における民主党派員の比率を適切に引き上げる、人民代表大会常務委員会の議事制度において民主党派員が十分にその働きを成すことができるメカニズムを構築する、などである。他にも人民政治協商会議の法定地位を明確にし、政治協商の仕組みを整備し、政治協商を諮問的政治参画からプロセス的政治参画へと変革し、共産党以外から幹部を選抜・任用する道を開き、選抜・任用のプロセスを規範化し、監督業務における民主党派の主体的地位をさらに高め、民主的監督の運営プロセスを完備する、などが挙げられる。これらを実行してはじめて中国の政党制度はより成熟したものとなり、活気・活力に満ちあふれたものとなる。

3. 各国政党制度の有益な経験を参考とする

国情が異なり政治制度、文化的伝統、価値観も異なっているため、各国の政党制度の類型や運営メカ

ニズムもまた異なっている。しかし他国の政党制度の中にも普遍性や特殊性といったものが含まれており、詳細に検討する価値のある規則性や、参考とすべき有益な経験が必ずあるはずだ。

中国も政党政治発展といった世界の潮流に乗らなくてはならない。寛容な心で中国の政党制度と世界の政党政治を見比べ、グローバル化といった大きな流れの中で自国の政党制度を考察する必要がある。また各国の政党と交流を深め、他国の政党制度の経験を学び利用するべきだ。例えば憲法や法律によって政党の挙動を規範化し各政党間の関係を調整すること、民主の選出と「協議民主（討議民主主義）」を結合し民主スタイルを豊かにすること、などである。また政党の相互監督に効果的なメカニズムを構築し、各政党間の関係を適切に処置すること、政党を社会にしっかりと根付かせ、執政党の国政力および複雑な局面の対応力を高めること、なども必要である。

つまり理論的研究を進め、中国の特色ある社会主義政党制度の理論体系を構築する必要があるということだ。中国政党制度の長期発展のために理論的援助を実施し、大胆な改革刷新を行い、多党協力の新しい方法、新しいメカニズムを模索し続けなくてはならない。そうしてこそこの基本的政治制度は土台が堅固になり、その機能を余すところなく発揮できるようになる。

第4章　国家の復興と中国外交

一、「旧きを除き新しきを布く」：一九四九〜七九年の中国外交

1．新中国外交戦略の確立

近現代の国際政治において虐げられ続けた中国が、半植民地・半封建国家から独立するために選んだ道は他国と似通った点もあれば異なる点もあった。似通った点とは、植民地・半植民地であった中国が他国と同様に、帝国主義を駆逐するという歴史的任務を帯びていたことである。異なる点とは、中国の完全独立には「革命」が運命づけられていたことである。

誕生したばかりの新中国は、斬新な方法で他国との外交を開始した。良好な外交イメージを形作ることはかつての屈辱的な外交に終止符を打つことでもあり、中華民族が新たな態度で世界の民族と肩を並べる、外交上の重要な任務でもあった。建国したばかりの新中国が国際社会に認められるためには「一辺倒」を中心とした三大外交政策が必要であった。それは「一辺倒」、「別にかまどを築く（新たにやり直すの意）」、そして「部屋を掃除してから客を招く」であった。これらの外交政策が示しているのは、まずはソ連などの社会主義国家と、そして同時に一部のアジア民主主義国家やヨーロッパ諸国とも外交関係を結ぶことである。成立初期の新中国は外交面においてははっきりとしたイデオロギーを持っていたが、半植民地・半封建といった過去があるため建国に際しては「旧きを除き新しきを布

く」といった外交上の課題が存在し、また二大陸間の激しい対立に直面しなければならなかった。社会主義国家である中国が「一辺倒」の外交方針を実施することは道理にかなった選択であった。特に新中国がこの三大政策によって国際社会に十分認められ、また旧中国・旧外交の暗い影を完全に払拭できたことは大きな意味を持つ。こうして最終的には帝国主義の残存勢力を一掃し、国際社会において独立するための堅固な基礎を固めた。

2. 外交政策の歴史的変遷

新中国成立してからの初期三〇年は「一辺倒」、「平和共存」、「反米反修（反アメリカ、反修正主義の略）」、「連米反ソ（アメリカとの連携による反ソ連）」といった外交政策をとった時期であった。新中国の政治的立場を明確にし、さらなる国際的承認を得るために、共産党中央委員会の北平（現在の北京）入り後、毛沢東は早くも『人民民主専政を論ず』の中で正式に「一辺倒」を宣言し、まもなく成立する新中国がとるべき外交上の政治的立場を明確にした。中国人民政治協商会議の第一期全体会議で採択された「共同綱領」の中で「一辺倒」方針をさらに具体化し、関連法規を定めた。新中国成立後、毛沢東主席は自らモスクワを訪問、スターリンと会見し、一九五〇年二月一四日、周恩来総理は中国政府代表団を率いてモスクワで「中ソ友好同盟相互援助条約」、およびその他二つの協定と三つの口上書に調印した。こうして中国の「一辺倒」外交政策は正式に実施された。この「一辺倒」外交政策は新中国の外交関連に方向性と原則を与え、抗米援朝戦争（朝鮮戦争）に勝利をもたらした。こうして一九五〇年代の第一次国交樹立ブームを迎え、国際舞台に立つ基礎を固めていった。

一九五三、五四年、朝鮮とインドシナは相次いで停戦を実現し、中国の対外環境は大きく改善され、独立自主といった国家地位もまた確かなものとなった。とりわけ抗米援朝戦争により中国の国際影響力は大いに強まった。また革命政権を固め、より多くの国際的承認を獲得し、アメリカの経済封鎖を打ち破り、「反米統一戦線」を拡大する、そのために新中国はより多くの仲間が必要であった。それにはまず新興の民族主義国家、特に植民地・半植民地から独立した隣国と友好的関係を結び、彼らにアメリカと決別させアメリカを孤立化させることが必要であった。このことは中国が打ち出した平和共存の五原則に必然性と可能性を与えた。この平和共存の五原則は瞬く間に世界に大きな影響力を及ぼした。ジュネーブ会議とバンドン会議の実施を経てこの五原則は、当時の中国政府と民族主義国家の関係構築における基準としてだけでなく他国の外交政策にも適用され、ついには世界の国際関連基準となった。この期間中国が実施した平和共存型外交は大きな成功を収めた。

しかしながら一九五〇年代後半になると、ソ連式モデルに対する再認識、国内政治の環境変化によって「三面紅旗（三つの赤旗）」という政策スローガンが掲げられ、特に人民公社や国際共産主義運動に関する問題により、中国はソ連と対立し大論争にまで発展した。このように中国の外交環境は次第に悪化し、国内においては「左」傾思想が浸透していった。中国外交は帝国主義に立ち向かうと同時に現代修正主義を批判するといった「二つの拳で闘う」段階に入った。

一九六〇年代前半の国際情勢に毛沢東は「大変動・大分化・大改造」といった判断を下した。毛沢東の示したこの「三大」国際情勢下、中国はアメリカ帝国主義に立ち向かうと同時に、ソ連の現代修正主義にも対抗した。この時より国際形成の分化と改造を進め、世界各国および革命戦士と団結して「反帝反修」国際統一戦線を結成した。はじめに中国はソ連とイデオロギー面で激しい論戦を繰り広げ、ついに中ソ同盟は決裂し、国境での紛争勃発にまでいたった。このときの中国は「世界革命」の利益のためにはソ連と一線を画すべきだと考えた。言い換えればマルクス主義と現代修正主義の間に境界線を設けるということだ。中ソ関係の悪化は中ソ国境帯における絶え間ない紛争を招き、一九六三年の新疆ウイグル自治区や黒竜江（アムール川）・ウスリー江の島々だけでも四〇〇〇余りの紛争が勃発した。一九六四年に中ソ国境交渉が行われたが、その後間もなくソ連は会談を中断した。そしてブレジネフが政権を握るとスターリン、フルシチョフらのやり方を一変し、中ソ国境帯に軍隊を増設した。それは最も多い時期で一〇〇万人に達し、中国に対する威嚇の態度を堅持した。「文革」が始まると「世界革命」の導きに従い、中ソ関係はさらに悪化した。一九六六年ソ連共産党は第二三期代表大会を開催したが、中国共産党は参加を拒否し、ソ連共産党と中国共産党の関係は完全に絶たれ、中ソ外交関係も代理クラスでの交流にとどまった。一九六八年ソ連軍がチェコスロバキアに軍事介入したが、これに対して中国は「打倒、社会帝国主義」のスローガンを打ち出した。一九六四年から一九六九年五月にかけて、中ソ国境帯で発生した紛争は四一八九回に達し、一九六九年三月の珍宝島（ロシア名はダマンスキー島）事件において中ソの対立関係は最悪の状態となった。

当時、中国はソ連の現代修正主義に対し批判的態度をはっきりと示したが、それでも一九六〇年代の中国にとって最大敵国は、依然としてアメリカであった。このため反アメリカ国際統一戦線を築くことが中国の外交上最も力を入れるべきことであった。当時の中国はベトナム人民軍の戦いにはっきりとした支持を示しており、またアメリカによるその他地域への侵略行為に対しても反対の立場を明確に示していた。中国とアメリカの関係は一九六四年前後にはすでに一触即発の段階にまで達していた。中国がベトナム人民軍の抗米救国闘争を全力で支持したことが、アメリカが中国に対して武力威嚇をとるようになった主な原因である。「トンキン湾事件」の後、中国外交部長（中国の部長は日本の大臣に相当する）の陳毅は、ベトナム民主共和国外相のスアン・トイに送った返信の中で以下のように述べている「ベトナム民主共和国に対するあらゆる侵犯行為に対して、中国人民が手をこまねいて傍観することを、誰も期待してはならない」。一九六五年二月ベトナム政府の招請に応え、中国は前後して防空部隊と鉄道工作員十数万人を派遣し、ベトナム民主共和国を支援した。当時アメリカの国防長官であったマクナマラは「今の中国はアメリカにとって最大の敵である」、「中国と戦争になる危険性がある」と宣言した。朝鮮戦争の経験から中国とアメリカの戦争瀬戸際政策は直接戦争にいたることはなかったが、それでも中国とアメリカの緊張関係は極限に達した。

「反米必反修（アメリカ反対、現代修正主義絶対反対）」戦略により、またこの時期の中国外交が「左」傾思想の影響を受けたことにより、中国が広大なアジア・アフリカ・ラテンアメリカに対して「世界革命」の外交宣伝を行ったことは世界中の注目を集めることとなった。一九六五年一月から、中国外交は「世界革命」に尽くすべきである、と公言している。中国は過去に効果が認められた戦略・戦術に頼って対外政策を行ってきたがもはや立ち行かず、新たな基準「世界革命」を打ち出す必要があった。またこのことが示しているのは、あらゆる国家の政策・挙動が進歩的であるか否かは、その国の国家利益に即しているか否かによって判断すべきでなく、中国が定める「世界革命」基準に合っているか否かによる、ということである。このような「世界革命」思想によって、新中国成立後前半一七年の外交路線は「三和一少（帝国主義・反動派・現代修正主義と融和し、人民の革命闘争への支援を弱めようとする考え）」あるいは「三降一滅（帝国主義・反動派・現代修正主義に降伏し、民族解放運動を滅ぼす罪）」と批判された。一方「世界革命」の中心地はすでに中国に移り、北京は「世界革命」の中心地となった。このような極左的思考は林彪や「四人組」の扇動にまで影響を及ぼし、中国の国際的イメージを損なうような「三打一焼（三つの打ち壊しと一つの焼き討ち）」。一九六七年に発生した事件。インド・インドネシア・ミャンマーの大使館襲撃およびイギリス外交代理事務所焼討ちを指す）」といった重大外交事件を引き起こした。外交上の常識を逸脱したこのような「世界革命」宣揚は、「全面展開」、「一切打倒」、「過激指向」と相まって中国外交を完全に孤立させた。

一九六〇年代、とりわけ「文革」期のこうした「全面展開」を試みた革命的外交は、世界における中国の平和的イメージを損なったばかりでなく、国家の安全にまで危害を及ぼすこととなった。一九六八年以降、毛沢東、周恩来がこうしたことを鑑みて講じた措置により、外交上の異常事態は次第に収束していった。一九六八年ソ連によるチェコスロバキア侵攻、および一九六九年の珍宝島事件をきっかけに中国外交は方針調整を行い、アメリカに対する緊張緩和戦略をスタートさせ、次第に「アメリカとの連携による反ソ連」といった「一条線（一本の線）」戦略をとるようになっていった。そして一九七〇年一月に中国とアメリカは大使クラスでの会談を再開し、一九七一年四月にはアメリカ卓球チームを中国に招待した。これに続いてアメリカは、朝鮮戦争以来行なってきた対中国貿易制限を撤回する意思があることを宣言した。一九七二年二月二一日、ニクソン米大統領は歴史的な中国訪問を実施した。『中米上海連合公報（中米共同コミュニケ）』の発表は、中国対外政策に大きな調整がなされたことを表している。こうして中国・アメリカ・ソ連が頂点をなすトライアングル戦略関係が生まれた。この戦略に導かれて中国は「一条線」、「全面化」といった戦略配置を行い、欧米先進国との関係改善を大々的に進めた。中国は第三次国交樹立ブームを迎え、国連の議席を順調に取り戻した。一九七〇年代のこうした外交政策の調整は、中国外交に残る「革命」の傷跡を完全に払拭できなかったものの、「文革」後の中国外交が完全に調整されるために道を備えた。

3．「独立富強」を目標とする外交戦略

前述した三〇年にわたる中国外交政策の調整を見てみると、独立富強という国家目標を実現するために外交戦略にも大きな変化があったことが分かる。こうした外交戦略の調整は受身的なものも少なくないが、しかし最終的には中国の国家目標実現に貢献していることは疑いの余地が無い。

新中国が誕生したばかりの頃、国内勢力、国際影響力はいずれも限定的なものであり、世界で活躍できる舞台もまた限られていた。このため中国は「一辺倒」同盟戦略をとった。この戦略は二極対抗という国際情勢がもたらした必然でもあり、また中国のイデオロギーに最も合致し、国家存続のためにも最善の戦略であった。

一九五〇年代後半から六〇年代前半、中ソ論争の激化や中国国力の強化につれて、国際事業における中国の自信も強まっていった。このとき中国は「国際統一戦線」戦略をとったが、これはアメリカ帝国主義の侵略・拡張に徹底して立ち向かうため、ソ連を含む社会主義国家、新興の独立民族国家、および植民地・半植民地からの独立を勝ち取った革命戦士達の統一・団結を図る戦略であった。この戦略は中国の革命精神に沿ったものであり、また民族解放運動が勢いを増す国際情勢にも合致していた。このようにして世界に及ぼす中国の影響力は強化されていった。

しかしながら国内で勢力を増した「左」傾思想により、一九六〇年代中後期、中国は残念ながら「国際統一戦線」という有効な戦略を捨てて「世界革命」戦略を選び取ることとなった。この外交戦略は相

手が誰であれ見境無く攻撃し、周囲に敵を作り、おごり高ぶった、常軌を逸するものであったため、ついには国家存続を脅かすものとなり、さらなる調整を強いられることとなった。

こうして一九七〇年代の中国は再び「同盟」戦略へと方向転換した。イデオロギーが全く異なるアメリカと事実上の戦略的同盟を結び、二〇年前には決して揺るぐことの無い友情関係にあった同盟国に背を向けた。こうして中国外交はイデオロギーの束縛から逃れ、国家の安全と利益に立ってスタートを切った。この「準同盟」戦略は当時の国際構造を改変するとともに、中国の安全と利益を守るものでもあった。こうして新中国初期三〇年における外交戦略の歩みを見てみると、中国の外交戦略は主に二つの要素の影響を受けていた。それは国際構造と国内のイデオロギーである。新中国は当時国力に限りがあったため外交戦略の及ぶ範囲もおのずと限られており、同時に長い革命の歴史が及ぼす影響力も存在していた。しかしながらどのような要素であれ、またその影響力の大きさがいかほどであれ、独立富強を実現するという国家目標や「大国復興」という歴史的要求に応えるべく中国の外交戦略は打ち立てられた。

二、調整と転換：一九七九～二〇一一年の中国外交

1．新たな時代、中国外交戦略の調整

一九七八年の中国共産党第十一期中央委員会第三回全体会議では、中国全土における全ての事業の重点を経済建設に置くとし、改革開放の戦略方針を打ち立てた。国際情勢の新たな変化や国内事業の要求に応じ、また過去三〇年の外交経験を統合し、鄧小平をリーダーとする中国指導者層は外交政策に対して大きな調整を行った。この外交政策の調整は、国家全体の情勢や要求と密接に結びついたものであり、現代化建設の全体に貢献し、かつて外交政策上存在していた「左」傾思想を完全に払拭した。新しい時代の外交政策は世界平和を守るという基礎に立ち、対外開放を実現し、対外経済関係・対外貿易関係を発展させ、海外の先進技術・資金・管理ノウハウを導入し、社会主義的現代化建設を加速させ、中国現代化建設のために有利な国際環境を整えるものである。

はじめに、中国と各大国の関係に大きな改善と発展がみられ良好な関係が築かれていった。改革開放以来の三十数年間、中国と主要大国との関係は大いに改善・発展した。一九七九年アメリカとの国交正常化が実現して以来、経済・貿易・科学技術・文化等各分野における両国の交流と協力は大いに進展した。両国の指導者は互いに訪問を重ね、上層部の会見や対話は頻繁に行われるようになった。一九八〇

年代中後期、中ソ関係は急速に進展した。ソ連解体後、「中国とソ連の関係」は「中国とロシアの関係」へと穏やかに転換し、中ロ関係は新たな発展段階へと進んだ。中国とロシアは互いに過去の歴史・経験・教訓を学び、平等な相互利益という基礎の下、中露戦略的パートナーシップを構築した。中国とEU（欧州連合）の関係発展は改革開放後に新たな時代を迎え、政治関係は目に見えて強化され、上層部の交流は日増しに深まっていった。またEU諸国の多くと開催する定期・不定期のクラス別政治協議を制度化した。こうして中国とEU諸国との経済関係は急速に発展しその貿易額は大幅に増加した。中日国交正常化以来、特に「中日平和友好条約」締結後、各分野における両国の協力関係には顕著な成果が見られ、二国間の関係は穏やかに発展していった。両国の上層部は互いに訪問し二国間の関係発展を継続的に推し進めていった。中日経済関係には明らかな拡大と発展が見られ、商品単体の貿易にはじまり資金、技術など多方面にわたる提携へと拡大していった。このように中日両国の関係は外交面においては順調であるが、同時に歴史教科書問題や靖国神社参拝問題、台湾問題、釣魚島（尖閣諸島）問題等について今後どのように対応するか、いまだに原則的な論争が存在している。

次に中国と近隣諸国についてだが、善隣友好関係は大いに進展し建国以来最も良好かつ安定した時代に入った。改革開放以来の三十数年間、中国と近隣諸国との協力関係は飛躍的に発展し、善隣関係にあった近隣諸国はパートナーへと変わり、パートナーシップの基礎はますます堅固なものとなっていった。一九八〇年代になると鄧小平は「論争は棚上げにして、共同開発を行う」とし、九〇年代中頃になると中国政府は「アジア・太平洋地域に立脚点を置き、周辺の安定化を図る」といった戦略方針を打ち出した。さらに二一世紀に入ると「友好、安定、富裕な善隣」といった外交政策を打ち出し、近隣諸国との協力を強化していく意向を示した。近隣諸国と善をなし、近隣諸国をパートナーとする、互いに平等で共に利益を得、ウィンウィンの関係を築く、これが中国と近隣諸国との関係の原則であり「友好、安定、富裕な善隣」は中国の近隣諸国に対する外交方針となった。このような外交の原則・方針に従って、中国は朝鮮、マレーシア、フィリピン、ミャンマー、タイ、ネパール、パキスタンなどの隣国と以前のような友情を築いていった。新しい国際情勢の下、二国間の友好的協力関係は新しい段階に入った。改革開放以来、中国は平等互恵、共同発展といった原則に基づき、一貫して近隣諸国と全方位・全階層における経済協力関係を構築し発展させてきた。経済・貿易・科学技術・文化といった各方面における近隣諸国との協力・交流は、その規模においてもレベルにおいても著しく進展した。中国を取り囲む東西南北を見渡すと、近隣諸国との安定した平和の枠組みはこうして整えられていった。

中国はさらに発展途上国の多くと団結・協力を深めていった。改革開放以来、中国は第三世界（中国自身を含むアジア・アフリカ・ラテンアメリカなどの発展途上国）に対して支配的な態度や上位に立つこと、革命を押し付けることなどは行っておらず、そのため発展途上国との関係は改善されていった。二一世紀になると相互の戦略的ニーズはますます高まり、発展途上国との友好的協力関係は新たな展開を見せた。上層部は頻繁に訪問し合い、提携分野は拡大しその提携方法も豊かになり、協力の成果は顕著であった。国際事業の推進において双方とも緊密なチームワークを築いていった。中国、インド、パキスタンに代表される発展途上国の勃興は、今日の国際関係に見られる大きな特色の一つである。中国は他の発展途上国と共同して、自国の利益を守るため国際社会の新たなルールを提議し、新しい国際秩序の仕組みを構築しているところである。

中国の多角外交はますます活発化し、全く新しい発展段階に進んだ。世界中のあらゆる地域で発生する重大な問題の数々に対して、中国は今や重要な関与者となった。中国の指導者はますます国内外の多角外交活動に関与するようになり、各国の指導者と重大な国際問題に関して議論する機会も増えていった。中国が関与する多角外交活動の領域は、政治、安全保障から次第に拡大し、経済、軍縮、人権、環境、社会発展といった各方面にいたり、多国間組織との共同活動は着実に成果を生み出した。国際組織における中国人の職務も議長、副議長、副事務総長、裁判官とますます重要なものになっていった。地域的・世界的色合いのある重要な国際会議や国際活動が中国で行われることも、もはや珍しいことではなくなった。

改革開放後の三十数年間、中国は多角外交を展開するための主観的・客観的条件を着実に整えてきた。そして「一般の関与者」から「重要な建設者」へ、さらに「責任を担う大国」へといった転換を経験してきた。三十数年間のこうした輝かしい中国外交の発展は、中国の特色ある社会主義を建設するために良好な国際環境を整えた。中国外交は「小外交」から「大外交」へ成長し、政治的外交から経済、金融、文化、教育、科学技術、スポーツ、軍事といった各領域に及ぶ外交へと発展し、公衆外交や公共外交はますます盛んになり、外交上の「人間本位主義」的思想もまた徹底化されていった。

2. 中国外交理念の転換

冷戦終結後、予測不可能な国際情勢の変化の中で国家が発展していくために、中国は時を移さず新たな外交理念を掲げた。これは国内外の政治的環境の変化に対応するために必要なことであった。その主な内容を以下に示す。

はじめが、二一世紀のパートナーシップ構築に尽力する国家間関係理念である。他国との関係構築に関して、二十世紀の中国はおおむね次のような道をたどってきた。一九五〇年代、中ソ同盟を中心とする社会主義国家との関係を発展させた「同盟締結時代」。六〇〜七〇年代、第三世界国家との関係発展に重点を置いた「非同盟締結時代」。八〇年代、いかなる国とも戦略関係を結ばずに全ての国との関係を発展させた「同盟不締結時代」。九〇年代中期、パートナーシップ構築によって世紀をまたぐ国家間関係を発展させた時代。冷戦が締結すると多極化は曲折を経て勢いを増し、世界のさまざまな勢力に分裂と合体が見られ、大国関係は今までにないほど活発化し、二一世紀を見据えた新たな大国関係を積極的に構築する気運が高まっていった。九〇年代中期、中国は二一世紀を見据えたパートナーシップ構築を打ち出し、実行に移した。パートナーシップには同盟と異なりパートナー条約といったものがない。

これは冷戦思考に焦点を合わせて構築された新しい国家間関係であり、同盟を結ばず、敵対せず、第三国を標的にせず、互いに信頼し、互いに協力して利益を得る関係である。そしてまた互いに支援し、互いを抑制することでバランスを保つ関係でもある。こうした冷戦後の新しい国家間関係は世界の平和と安定そして発展を支えるものである。パートナーシップ構築と同盟不締結はそれぞれ異なった国家間関係であるが、その原則は変わらない。つまり両者とも平和共存の五原則を指針としている。しかしこのパートナーシップ構築と同盟不締結は、中国の外交政策において提議された時期が異なる。前者は、冷戦の終結と中国の改革開放によって大きな成果が得られたという背景の下提議されたものであり、後者は一九八〇年代、改革開放初期に打ち出されたものである。同盟を結ばない方針は、改革開放初期、当時の国際環境と中国の実力を念頭に置いたものであり、明らかに実務的な要素を帯びていた。一方、パートナーシップ構築は一九九〇年代中期に提議されたもので、二一世紀を見据えたものである。このような国家間関係は理想的側面が色濃く、そのため実現への道のりは曲折をはらんでいる。

次が、平和維持、発展促進を目標とする総合安全保障理念である。冷戦終結後、中国の安全・利益を実現し、地域的・世界的な安全と安定を維持・促進するために、中国は積極的に「新安全保障観」を提唱してきた。「新安全保障観」とは主に、冷戦思考をはらんでいる従来の安全保障観に対する呼び方だ。これは新中国成立から一九七〇年代後半にかけて大型二大勢力が政治的に対立する国際環境の下、安全保障問題を解決することを主な内容として中国が作り上げた国家安全保障概念である。冷戦時代の中国の安全保障概念は、主にイデオロギーと国家主権の点から考慮され、帝国主義や覇権主義は世界の安全に対する脅威であるとし、国家安全保障戦略を国際安全保障戦略と関連付け、国家主権を守ることが国家安全保障の主な内容である、としている。冷戦が終結すると国際情勢は一変し、新しい歴史的条件の下、安全保障の概念は総合的なものへと変化していった。つまり安全保障の対象領域が軍事・政治からはじまって、経済・科学技術・環境・文化・人権まで含むようになっていった。安全保障の手段も多元化し、対話と協力を強化することが共同で安全を作り出す重要な道筋となった。一九九〇年代中期以降、中国もまた時を移さず「新安全保障観」を打ち出す。ＡＳＥＡＮ関連外相会議にて中国代表団が提出した「新安全保障観に関するポジション・ペーパー（公式見解）」の中では、中国の「新安全保障観」の具体的内容について国際社会に向けた詳細な説明がなされている。中国の考える「新安全保障観」の核心は相互の信頼と利益、平等、協力であり、その協力様式はバリエーションに富んだものであるべきとし、強力な抑制力を有する多国間安全保障メカニズムや、フォーラム的な多国間安全保障対話、信頼を深める二国間安全協議、および学術的な非政府レベルの安全保障対話等が含まれている。経済利益の融和を促進することもまた、安全保障の有効な手段の一つである。世界は多種多様であり、アジア・太平洋地域についてはなおさらである。であるからこそ共に進歩し発展するためには、互いに自分と異なるものを受け入れ、協力し合うことが必要である、と中国は考える。このことから安全保障の協力とは、発展モデルや政治的観点が同じ国家間の協力を指すばかりでなく、それらが一致しない国家間の協力をも含むものなのだ。「新安全保障観」の本質は一国の安全という範疇を越え、共同の安全保障を強調するものだ。また「新安全保障観」によると、安全を脅かすあらゆる脅威に対抗するためには、もはや軍事的手段に頼るのみでは不十分で、平和的な話し合いや互いに協力するといった方法によって共同の安全保障を実現することが重要である、としている。

その次が、世界の多様性を尊重し、国際関係の民主化を呼びかけ、「ソフト・パワー」を高めるという理念である。世界の多様性とは、世界はさまざまなものに満ち溢れ多種多様であるということだ。確かに多様性は世界に矛盾、摩擦、対立、時には戦争さえ引き起こすが、同時に世界が発展する原動力でもある。多様性に対する尊重は、人類社会における平等・民主・平和・発展といった理念を代表している。世界の二極構造が解体した今日、世界の多様性はなおさら尊重されなくてはならない。世界のあらゆる文明や社会制度は共に永らえるべきであって、互いに切磋琢磨しつつ、弱い点を補い合い、相違点を探すのではなく共通点を求め、共に発展していくべきである。世界が発展する活力は、まさにこうした共存する多様性の内にある。中国政府は世界の多様性を守ることを主張し、国際関係の民主化と発展モデルの多様化を提唱する。世界は多種多様である。地球上のあらゆる文明、さまざまな社会制度および発展の道は互いに尊重すべきである。世界の多様性により、現実社会には差異や相違といったものが存在する。しかしこの差異や相違によって生じた摩擦や対立は一時的なもので、融和・協力・発展こそが最終的な姿だ。多様性の存在およびそこに内在する相互作用が人類の進化と世界の発展を絶え間なく推し進めてきた。世界の多様性を尊重することは国際関係の民主化を奨励することである。国際社会とはつまり多様性社会のことであり、その本質が民主である。冷戦が終結すると、国際社会は次第に多元化へ向かっていった。このような多元化は民主化の実現を要求した。世界の多様性を尊重することはまた、地球上のあらゆる文化・文明の交流を促進することでもある。「ソフト・パワー」を核とする文化・文明は、一国の総合的国力を推し量る重要な指標となるばかりでなく、ひいては強硬な権力・制度といったものに取って代わり、国際社会と諸団体の間に作用する決定的なパワーとなりうる。今日の世界は「文化・文明」と「社会・政治・経済」のつながりがますます緊密になっている。文化は今や人類社会発展の戦略的資源や財産となり、先進的ノウハウ・技術を制するものが世界における文化発展の主導権を手にでき、そして将来における社会発展の特等席を占有できるのだ。

その次が、「人間本位主義」外交、「人民のための外交」といった理念である。中国外交において特徴的な「人を以って基本とする」とは、三十数年にわたる改革開放の成果であり、また公民社会発展の必然的結果でもある。しかしながら新中国成立以来、政府の執政に対する理念は皆「人を以って基本とする」であり、「人民のための執政」であった。中国外交は全人民の外交であり、外交の基礎は人民である。このことについて毛沢東や周恩来は、これまでに多くを語ってきた。彼らは外交を人民に託し、人民を外交の基礎とみなした。国家とは抽象的なものではなく、厖大な人民の利益を具現化したものであり、外交は人民の生活、人民の権利双方に心を配らなくてはならない。今日の中国の外交事業は人民に奉仕する重要な内容が多くを占める。例えば外交部（日本の外務省に相当する）は、一般公開日を設け、パブリック・ディプロマシー（広報外交）を設立し、「歴史的文書」を段階的に解放し、またインターネット上ではネットユーザーと外交問題に関する対話などを実施している。「人を以って基本とする」、「人民のための執政」を徹底するために、中国外交は今なお制度刷新を数多く実施している。外交部および国外の中国大使館は突発的な緊急事態に対応する仕組みを構築し、中国公民および華僑を法に依って保護してきた。このようにして「人民のための外交」は、二一世紀における中国外交を代表するものとなった。

最後が、「和諧世界（調和のとれた世界）」という新しい理念である。二〇〇五年九月一五日、胡錦涛は国連創設六〇周年特別首脳会議の席上で初めて「和諧世界」という理念を提起した。二〇〇七年一〇月、胡錦涛は中国共産党第十七回全国代表大会の報告の中で「和諧世界」について重ねて主張しただけでなく、さらに一歩進めて政治・経済・文化・安全保障・環境保護といった五つの方面に関し、そこに含まれる深い意義を明確にした。政治面においては互いに尊重し、平等な立場で協議し、国際関係の民主化を共同で推進する。経済面においては互いに協力し、相互補完し、経済のグローバル化を均衡・一般特恵・ウィンウィンに向かって共同で推し進める。文化面においては互いに相手を手本とし、相違点を残しつつ共通点を求め、世界の多様性を尊重し、人類文明の繁栄と進歩を共同で促進する。安全保障面においては互いに信頼し、協力を深め、戦争という手段によらず平和的方法によって国際紛争を解決し、世界の平和と安定を共同で維持する。環境方面においては互いに助け合い、力を合わせて推進し、人類生存の場「宇宙船地球号」を共同で守り抜く。「和諧世界」理念は、めまぐるしく変化する世界情勢の下、中国が世界に対して発した政策宣言であり、また国内外が互いに深く作用し合う状況における中国外交の指導思想でもある。「和諧世界」が追い求めている本質的な目標とは、つまり民主・公正・平等といった国際政治・国際経済の秩序を打ち立てることであり、世界の持続的平和と普遍的繁栄を実現することである。「和諧世界」思想は中国政府や指導者が国際情勢に対して下した一つの判断であり、中国の二一世紀国際戦略を具体化したものである。中国が「和諧世界」を提起したことは、中国外交が新しい段階に入ったことを意味している。

三、平和と発展：これからの中国外交

二一世紀初頭、中国政府は「平和と発展の道」という重大戦略を定めた。中国共産党第十七回全国代表大会の報告の中で、第十六回全国代表大会以降実施した中国外交論の刷新と発展について系統立てて総括し、外交戦略や外交政策について全面的な説明を行っている。このことは中国の「平和と発展」外交戦略が熟成したものとなり、中国外交が大きな変革を遂げたことを示している。「平和と発展」戦略を指針とする中国外交は、外交の理念・方式・配置・内容・方策など多くの方面に新しい時代の特徴が

表れている。

それはまず、「平和と発展」外交戦略は中国の伝統ある儒家の「和合哲学」文化が新時代に融合された産物であり、また儒家の「中庸」という伝統ある積極的思想が投影されたものである、ということである。古代中国の外交思想は、孔子や孟子の説いた「仁」、「義」、「礼」の影響を多分に受けており、大国は小国に礼をもって対し、威圧や威嚇によって小国の存続を脅かさない、ことを強調している。「和を以って貴しとなす」、「和して同ぜず」、「遠人を懐柔す」、「徳を尊び武を抑える」、これらは皆、儒家の説く外交文化の核心である。中国の発展が国際社会になした貢献は、経済や物・金といった目に見えるものだけではない。中国の長い歴史が培ってきた伝統ある文化的エッセンスを醸成し、それを用いた理念的文化をも提供してきた。二一世紀の中国が打ち出す「平和と発展」外交戦略は、古代中国から伝わる「和合」外交文化の継承と発展であり、「平和」の真髄を極めたものである。中国は「万国中心」といった差別意識を捨てて全く新しい外交理念を築き上げた。このような外交戦略は、一九六〇年代の外交に見られた「革命闘争哲学」を超越し、一国の利益を考えるのではなく世界全体を視野に入れ、さらなる高次元から「国家の利益」と「国際社会の利益」の統合を求めるものである。

次に、「平和と発展」外交戦略は、今日の世界発展の流れに沿った必然的な選択ということである。世界は今日、大変革・大調整を経験しており、世界の多極化はもはや後戻りのできない発展の趨勢である。経済のグローバル化は進み、世界や地域の共同発展はますます盛んになっている。

私たちは今まさに、各国が互いに相手を頼みとし、相手の中に自己を見出し、自己の中に相手が存在する、そのような世界に置かれている。一国が栄えれば世界も栄え、誰かが傷つけば全体も傷つく。運命共同体である国際社会のこうした発展は、ますます互いを結びつけ「地球規模の問題」がもたらすあらゆる試練に共同で立ち向うよう私たちを導いている。平和・発展・協力を追い求めることは全世界共通の熱い思いであり、誰も阻むことのできない時代の潮流である。発展の目標を実現させようとするならば、いかなる国家も世界の発展を無視することはできない。「平和と発展」外交戦略はまさにこうした世界情勢の変化に対応するために打ち立てられた。

その次に、「平和と発展」外交戦略がはっきりと言い表しているのが、わが国は国際事業において担うべき責任を重視している、ということである。一国が担う国際責任には、経済、政治、安全保障、道義といった各方面において国際社会に対して担うべき責任が含まれている。それは、自国の能力に見合った貢献を国際社会に対してなす、ということを意味している。改革開放以来、中国外交は「有所作為（積極的にすべき事はする）」といった気概や自信、積極的な姿勢で「責任を負う大国」というイメージを作り上げてきた。このことは外交理念と外交実践、二つの側面に表れている。外交理念とは新安全保障観、共同発展と共同利益、多極化と国際関係の民主化、文化の多様性などであり、外交実践とは大国と発展途上国の関係調整、地域・世界規模の多国間国際機構に参画することなどである。この二つの側面において「責任感ある中国」をアピールしてきた。このような責任感は「世界の平和と発展」という時代の流れに完全に合致したものであり、中国と国際社会は利益目標が一致していることを表している。そのため国際社会の承認と賛同を得ることができた。ここではっきりさせなければいけないのが、中国の「平和と発展」理念は決してその場しのぎのものではなく、長期にわたって執行される基本的外交方針・政策である、ということだ。歴史を顧みると、ドイツや日本といった新興大国は、期せずして国際体系に戦いを挑む道を選び、最終的には世界に大きな災いをもたらし、そしてわが国に耐え難い苦痛を与えた。果たして中国もまた同じ過ちを犯してしまうのであろうか。このことは多くの人の心から離れない問題である。歴史をこうした単純な比較によって推し量ることはもちろん不可能である。なぜならば第二次世界大戦以降、特に冷戦終結後、世界は政治・経済の枠組みが大きく変化したからである。まず第一に、政治・経済のグローバル化は一段階上の域に進み、かつての軍備比較による国家間の競争は今や経済・科学技術の競争へと変化した。この時代、戦争やその他武力によって領土を拡大することはもはや不可能である。第二に、日進月歩の情報技術によって国際社会は一層緊密になり、国家間のコミュニケーションと交流の輪はますます広がっている。このような状況の中、かつて頼みにした略奪という手段によって発展を望むのは非現実的である。第三に、現在保有する兵器類、特に核兵器のますます威力を増すその破壊力は、たった一度の使用によって計り知れない被害を与えるものとなり、いかなる国家もこれを用いて利益を得ることはもはやありえない。戦争によって利益を得ようとすることは、収支の合わない、損失はあっても決して利益を生むことのない方策であると言える。中国について言うならば、国際秩序を尊重し国際機構の中で発言権を勝ち取ったことは明らかに聡明な選択であった。中国はこのようにして自国を発展させると同時に、その国力を用いて世界の道理と正義を守っている。中国人民解放軍海軍がソマリア沖の海賊討伐に遠征したのも、大国としての責任を担っている証拠だ。また中国の伝統的文化には「和諧」を重視し「中庸」を主張する「和合」という文化がある。このこともまた、中国が国際社会に真っ向から戦いを挑むような過激な道を選び得ない理由となっている。

新しい時代の中で急速に台頭した中国は、かつて誰も通ったことのない「平和と発展」の道を歩きだした。中国が「平和と発展」の道を行くことは義務ではなく責務である。なぜならばこの道こそが中国の未来に発展を約束する唯一の道だからである。中国の「平和と発展」の道は世界に平和と繁栄を直接もたらすだけでなく、中国が偉大な「ロール・モデル」となることで後の新興大国に一本の道を切り開き、間接的な意味においても世界平和の創造と維持に貢献するものである。中国の「平和と発展」の道は世界にとって全く新しい発展の道であり、この道は中国と世界にとって極めて重要な歴史的意義を有していると言っても過言ではない。

終章　中国の道の特色、国際的影響、その未来

中国の歩んできた道は中国共産党率いる勤労・勇敢な人民が、マルクス主義の指導の下、九〇年余りの戦いの中で革命、建設、改革といった偉大な実践を通して模索しながら形成・発展させてきたものだ。中国発展の道は空間軸から言えば、今日の資本主義発展の道と明らかに異なっている。また時間軸から言えば、二〇世紀初頭にロシア人が開拓した社会主義発展の道と異なり、またその他の社会主義国家が歩んできた発展の道とも異なっている。中国発展の道は中国に対する影響だけでなく、全世界にも影響を与えてきた。

一、中国の道の特色

新中国成立後六十数年にわたる建設と改革を経て、中国は高度に集中した計画経済体制から活力に満ちた社会主義市場経済体制へ、また閉鎖・半閉鎖状態から全方位的対外開放へ、といった歴史的転換に成功した。そして思想の鎖を断ち切り、億単位の人民の積極性と創造性を最大限に呼び起こし、生産力の大いなる解放・発展を推し進めてきた。これら全ての成功の理由は、中国が国情に合致した発展の道を一歩ずつ歩んできたからである。他国の発展の道に比べ中国の道は、以下に示す明らかな特色を有している。

1．中国の道は中国共産党の指導の下開拓された独特な社会主義の道であり、欧米資本主義の発展の道とは明らかに異なる

中国共産党は中国の道の開拓者でもあり、中華民族にこの道に沿って前進させる指導者でもある。中国共産党が中国の道を模索し始めたのは社会主義改造が完成した一九五六年からである。中国の道の開拓は、毛沢東を核とする共産党指導者第一世代が毛沢東思想を打ち立て、全党・全国・全民族の人民を率いて新中国を建設し、社会主義の革命と建設に偉大な成果を収め、また苦心して社会主義建設の法則を探し求め貴重な経験を得るにいたったことなどが基盤となっている。

中国の道の本格的模索は一九七八年中国共産党第十一期中央委員会第三回全体会議開催後からである。改革開放の幕開けとともに共産党は、人類社会発展の法則、社会主義建設の法則、共産党執政の法則に対する認識を着実に深めていった。中国共産党は科学的社会主義の基本原則に則り、国内外の社会主義建設の経験を総括し、現実の中国に立脚点を置いて、中国の特色ある社会主義の道を開拓し、中国の特色ある社会主義の理論体系を形成した。中国共産党第十七回全国代表大会の報告で以下のことが強調された。中国の特色ある社会主義という偉大な旗印を高らかに掲げ、今日の中国においてこの道とこの理論体系を堅持することが最も大切である。そのためには共産党による指導を堅持しなければならない。共産党は中国の特色ある社会主義という偉大なプロジェクトを継続し、党の執政目標を達成し、改革精神をもって党の建設を強化し、党の執政力を高めねばならない。

2．中国の道は基本的な国情に立脚点を置き、中国の実際に適合した科学的発展の道であり、制度設計において明確な特色を有する

中国共産党第十七回全国代表大会の報告で次のように指摘している。「中国の特色ある社会主義の道が全く正しいものであり中国の発展をリードできるのは、われわれが科学的社会主義の基本原則を守っているからであり、またこの道がわが国の実際と時代的特徴に基づいた中国の特色を明確にしているからだ。つまり**中国の道はその制度策定において社会主義の共通性を体現しつつ、他の社会主義国家と区別される〝中国の特色〟を有している**ということである」

経済発展の道を選択する上で中国は、中国の特色ある社会主義の基本的経済制度を確立した。所有制においては、公有制を主体とし多種の所有制経済が共に発展する基本的経済制度を打ち立て、分配制度においては、労働に応じた分配を主体とし多種の分配方式が共存する分配制度を実施した。経済の管理および運営メカニズムにおいては、社会主義市場経済体制を確立した。社会主義に沿って市場経済を発展させることは、マルクス主義の発展に対する中国共産党の歴史的な貢献であり、また中国経済発展の鮮明な特色を示している。

政治発展の道を選択する上で中国は、決して欧米式政治発展モデルを機械的に取り入れたのではなく、中国の特色ある社会主義的政治発展の道を断固として守った、と中国共産党は強調する。この発展の道は「党による指導、人民が主人公、法に依る国の統治を有機的に統合し、人民代表大会制度、共産党の

指導する多党協力と政治協商制度、民族地域自治制度、末端民衆自治制度を整備し、社会主義的政治制度の自主的な整備と発展を絶え間なく推し進めること」である、と主張する。

文化発展の道を選択する上で中国は、中国の特色ある文化発展の道を確立した。中国が目指す中国の特色ある社会主義的文化とは、マルクス主義を指針とし、理想・道徳・文化・規律を備えた公民の育成を目標とするものである。また、現代化・世界・未来に目を向けた、民族的・科学的・大衆的な社会主義文化でもある。このような文化は高度な科学性、鮮明な民族性、時代性、開放性そして大衆性を有しており、そのため中国全民族全人民の強大なパワーを集結し、鼓舞するものであって、また中国の総合的国力を示す重要なシンボルでもある。

社会建設の道を選択する上で中国は、社会の調和と発展の道から決してそれることはない。民主的な法による統治、公平・正義・誠実・友愛、満ち満ちた活力、安定と秩序、人と自然の調和、これら全てを満たすよう、経済建設・政治建設・文化建設と足並みを揃えて社会建設を推し進める。

3．中国の道は経済建設を中心とし、四つの基本原則と改革開放を堅持する発展の道であり、発展の戦略重点、制度保障、原動力において刷新性を有している

中国共産党は強調する。中国はいまだに、そして恐らく長期にわたって、社会主義の初級段階にとどまることとなり、社会発展の道はこうした現実を出発点とするべきである。中国の社会主義はいまだ初

級段階にあり、十分に発達しておらず、社会主義として不完全である。それゆえに経済建設を中心とすべきである。中国が選んだ道はマルクス主義を指針とする社会主義の道である。そのため四つの基本原則を厳守しなければならない。また、改革開放は社会主義の発展に避けては通れない道であり、中国の特色ある社会主義が発展するための原動力でもある。そのため中国は改革開放を確実に実行しなくてはならない。「一つの中心、二つの基本」はこの発展の道を簡潔に言い表しており、また社会主義初級段階における中国共産党基本路線の核心的内容でもある、と。

社会主義の初級段階という現実から出発し、社会主義事業を継続して推進するためには、社会主義初級段階における中国共産党基本路線を一貫して堅持する必要がある。中国共産党第十七回全国代表大会の報告で以下のことが強調された。党の基本路線は党および国家の生命線であり、また中国の特色ある社会主義事業の科学的発展に対する政治的保証でもある。経済建設を中心とすることは国家振興の要であり、また党および国家が長きにわたって繁栄する基本条件でもある。四つの基本原則は建国の土台であり、また党および国家が存続・発展する政治的基盤でもある。改革開放は国家富強の手段であり、党および国家発展の活力源でもある。経済建設を中心とすること、四つの基本原則・改革開放という二つの基本、これらを中国の特色ある社会主義の偉大なる実践に反映させること。このことはいかなる場合においても決して揺るがされることはない。

4．中国の道は生産力の解放と発展、そして社会主義制度の基礎固めと整備を根本的任務とする発展の道であり、この道は刷新性を有している

生産力は社会発展の最も基本となる決定的要素である。社会主義の建設には高度に発達した生産力という基礎が必要だ。社会主義革命は生産力の解放・発展を実現し、社会主義改革もまた生産力のさらなる解放・発展を実現する。長きにわたる革命・建設・改革の実践において、中国共産党は次のことを深く認識するにいたった。中国のように経済・文化が比較的立ち遅れている条件の下で社会主義を建設するためには、生産力の発展を根本的な重要任務とすべきである。「発展」を党の執政・国家振興の最重要課題とし、生産力の発展に最大限尽力し、先進的生産力への道を具体的に指し示していく必要がある。

生産力の解放・発展に改革は必須である。改革は中国の特色ある社会主義発展の強大な原動力である。改革を新たな革命と位置づけ、正しい方向を堅持しなくてはならない。近代以来、中国発展の歴史が繰り返し私たちに告げているのは、社会主義だけが中国を救うことができ、社会主義以外に中国を発展させられるものは無いということだ。改革は私たちが打ち立てた社会主義基本制度の否定や放棄を許さないばかりでなく、わが国の社会主義制度が自主的に整備・発展するよう促すものである。また社会主義に新たな活気と活力を与え、中国の特色ある社会主義事業の科学的発展を推進するものでもある。このように中国の特色ある社会主義の道は、社会主義制度の基礎を固め、完全なものとする発展の道である。

5．中国の道とは、社会全体の発展、富強・民主・文明・調和の社会主義国家建設を目標とする発展の道であり、その内容は全面的である

社会主義社会とは全面的に発展した社会のことである。そして中国の特色ある社会主義社会とは、全面的に発展し、全面的に進化し、全面的に現代化した社会のことである。改革開放および社会主義現代化建設において中国共産党は、中国の特色ある社会主義の全体的枠組みを一歩ずつ形成・整備していった。中国共産党第十二回全国代表大会では「三歩走（三段階の発展戦略）」という現代化建設の戦略配置を明確に打ち出し、また経済富強、政治民主、精神文明を包括する三位一体の、現代化建設の全体構想を打ち出した。中国共産党第十五回全国代表大会では、社会主義現代化建設といった全体目標を中心とし、党の基本理論、基本路線に基づいて中国の特色ある社会主義経済・政治・文化を建設する基本綱領を制定した。このようにして「三位一体」という現代化建設構想はより明晰になり、より深化していった。二一世紀の新たな段階に入ると、複雑に絡み合う国際情勢と絶え間なく変化する国内構造を目前にして、中国共産党は社会主義的調和のとれた社会を建設するといった命題を正式に打ち出した。これにより中国現代化建設の全体構想は物質文明、政治文明、精神文明の建設といった「三位一体」から、調和の取れた社会建設を含めた「四位一体」へと進化した。このように現代化建設の戦略配置は広くて深いものとなり、同時に社会主義建設の法則に対する共産党の認識はますます深まっていった。

社会主義現代化の全体構想が広がりを見せると同時に、社会主義初級段階における共産党の目標もま

すます明確になっていった。中国共産党第十三回全国代表大会では社会主義の初級段階における実際を踏まえた上で、中国を富強的・民主的・文明的な社会主義現代化国家につくり上げることが提議された。また中国共産党第十四回全国代表大会では経済建設を中心として、社会主義的民主法制および精神文明の建設を強化し、社会の全面的進歩を促進することが提議された。中国共産党第十六期中央委員会第六回全体会議においては、中国の特色ある社会主義の発展目標を「わが国を富強・民主・文明・調和の社会主義現代化国家とする」と明確化した。こうした表現は中国共産党第十七回全国代表大会の報告書および新改定版党規約にも明記された。これら一切が説明していることは、中国の道は社会主義市場経済、社会主義民主政治、社会主義先進文化、社会主義的調和のある社会を建設する発展の道であり、富強・民主・文明・調和の社会主義国家建設を目標とする発展の道である、ということだ。

6．中国の道は「平和と発展」の道であり、初期現代化国家の発展の道とは明らかに異なる

近代以来の歴史が繰り返し証明しているように、後発新興大国の勃興はいつでも世界構造と国際秩序の急激な変動を、時には大戦まで引き起こした。その最大要因は後発新興大国が侵略戦争によってそれまでの国際体系を破壊し、対外拡張によって独占的支配権を奪い取る道を選んできたことである。ヨーロッパの発展は対外拡張と背中合わせである。このように血なまぐさい発展の過程は、ヨーロッパが他の地域を武力によって征服してきたことを意味している。そしてこのような道は必

ず失敗に終わるものだ。

中華民族は平和を熱愛する民族であり、中国は一貫して世界平和を維持する確かな力であり続けた。世界発展の歴史から経験と教訓を総括し、複雑に変化する今日の世界情勢を分析した結果、中国共産党は以下のように結論付けた。**中国は平和と発展の道を終始歩み続け、いつまでも平和な、共に繁栄する調和のある世界の建設を推し進めてきた**、と。

この平和と発展の道は時代の流れに沿ったもので、世界文明と寄り添う発展の道である。中国の特色ある社会主義は閉鎖的でも、現在の国際体系から遠く離れたものでもなく、無限に開放された、今日のこの世界と融合・一体化したシステムである。今日の世界は開放された世界である。中国の発展は世界と切り離せず、世界の繁栄と安定もまた中国と切り離せない。中国の特色ある社会主義は、対外開放を実施する社会主義であらねばならず、人類が築いてきたあらゆる文明の成果を吸収しそこから学ぶ社会主義であるべきだ。そのため、中国の特色ある社会主義建設は世界的観点を持って世界に学び、世界との関わりの中でわが国の実際に適合した社会主義を建設していくべきだ、と中国共産党は主張する。地球上のあらゆる文明はみな独自の長所と優位性を有している。わが国の文明も含めたいかなる文明も、完全に閉鎖された状態で発展を成し遂げることは不可能である。今日の世界は経済発展の舞台が拡大し、通信手段は進化し、交通手段は発達し、文明間の連携と交流はますます緊密になった。こうした外部環境の変化は中国にも影響を及ぼしている。中国の発展は中国を基準にしたものであり、また世界における相対的な発展でもある。中国の特色ある社会主義の道を歩むには、世界の流れに注目し、世界の生産力・文化の動向と趨勢をしっかりと見定める必要がある。そしてあらゆるものを吸収し許容量を増やして、他国・他民族・他文明の経験を常に取り入れる。時代の趨勢を把握し、わが国の経済・政治・文化・社会が現代的精神と創造的精神を体現したものとする。

中国の道は、わが国が繁栄し富強になるための、そして中国人民が健康で幸せに毎日を平安に暮らせるための正しい道である。

二、中国の道、その国際的影響

中国はこのような社会主義発展の道を三十数年歩み続けてきた。その栄えある歩みは多大な成果を勝ち取り、また人類に対する偉大な貢献をなしてきた。また今日の世界において中国の良好な国際イメージを作り上げ、中国に対する世界の見方を変えた。さらに発展途上国に参考となる発展の道を示した。最も大切なことは他国の社会主義に対して絶大な影響を与えたことである。

1．中国の急速な発展が世界の平和と発展に与えた絶大な影響

三〇年余りの改革開放を経て、中国と世界の関係は歴史的変化を遂げた。中国の発展が世界に益をも

たらすようになったのだ。胡錦涛同志は二〇〇八年に開催されたボアオ・アジア・フォーラムの講話で以下のように指摘している「三〇年にわたる改革開放の実践がわれわれに教えているのは、中国の発展は世界と切り離せず、世界の繁栄と安定もまた中国と切り離せないということだ」。三〇年余りの改革を経て、中国経済はすでに世界経済の重要な一部となった。それはまさに、元アメリカ大統領経済顧問でもあり国際的に著名な経済学者でもあるジョン・ラトリッジが次のように語っている通りである「中国の驚異的な経済成長は過去に例を見ない。中国は独特の方法で政治・経済・文化など各方面において世界を変えた」

中国と世界の前途は密接に関わっている。中国の成功体験は世界経済の発展に模範を示した。改革開放以来、経済建設の方面で中国が勝ち得た成果は、貴重な「中国の経験」を全世界に提供し、貧しい発展途上国に希望をもたらした。中国の急速な発展は世界に対して脅威となるどころか、むしろ世界の経済発展に信じがたいチャンスを提供した。

中国の提唱する「平和と発展」の道によって、世界の「平和と発展」事業は新たな進展を見た。中国はいかなる覇権主義、強権政治にも反対し、いかなる国、いかなる理由であれ他国の内政に干渉することを許さない。

中国は一貫して軍備競争に反対している。核武装の全面禁止と完全廃棄、大々的な軍備縮小を求め、平和と発展の新理念を訴え続けてきた。こうしたことは世界中の国民が一致団結し、覇権主義を孤立化させることに対して特別重要な意義を持つ。同時に中国は、国家間の争いは話し合いを通して平和的に解決すべきだと主張してきた。また中国は、『国際連合憲章』の基本理念や原則に基づく国連の諸事業を全力で支持し、世界の平和と発展に寄与する国連プロジェクトに積極的に参加することを表明している。さらに「平和と発展」の道を歩み、調和のある世界を構築するための新しい道筋と方法を提供してきた。これらの戦略的思想は、中国の社会主義建設に安定と発展を約束し、世界の力関係を変え、国際紛争を合理的な方法で解決することに保証を与えるものである。

中国は独立自主的である平和的外交政策を堅持してきた。このことは国際関係の調和や世界の安定に貢献し、世界の平和と発展を推し進めた。独立自主は中国の平和的外交政策の軸である。それが求めるところは、国家の主権と安全を守り、国家の利益を維持し、いかなる国家であれ中国の内政に干渉することを許さない、ということである。また同盟を結ばず、上位に立つことを求めず、策略に頼らないといった外交原則を守ることは、あらゆる大国の覇権主義に抵抗することであり、世界各国との交流や世界の平和と安定に貢献することでもある。中国は他国の独立自主に関する権利を尊重する。イデオロギーや政治制度によってその国との付き合い方や、その国の良し悪しを判断せず、その国の発展自体が世界の平和と安定に貢献するか否かによって、わが国は自国の立場と態度を決定する。このことは覇権主義に対するけん制であり、第三世界諸国に模範を示し団結力を与え、世界の多極化を推進し、世界の平和と発展を力強く推し進めるものである。

中国は、社会制度をよりどころとする冷戦時代の「大家族（社会主義的大家族論）」といった時代遅れな考え方を放棄し、平和共存の五原則を唯一の国家間対応基準とした。世界各国との友好協力関係を積極的に構築し、中国と世界の新しい発展を推し進めてきた。また「対外開放」と「加速的発展」を、平和と発展を促進する主要手段としてあらゆる国との友好協力関係を構築・発展させてきた。改革開放以来、中国は多層的な国際友好協力関係を築き上げてきた。その一つが、第三世界諸国との友好協力関係の構築・発展を中国外交政策の立脚点としたこと。二つ目が、イデオロギーや社会制度の違いを超越し、アメリカ、日本およびその他欧米諸国との関係を調整・改善したこと。三つ目が、社会主義国家との友好協力関係を回復・発展させたこと。四つ目が、近隣諸国との善隣友好関係を改善・発展させたことである。中国はさらに平和共存の五原則を基盤とし、国際政治・国際経済の新しい秩序を打ち立てることを提唱した。これらは平和と発展に対する中国の新たな貢献である。

欧米諸国の学者は中国の発展をますます認識するようになった。中国に対する認識の一番目が、今日世界の発展には中国が必要で、世界経済の成長もまた中国を必要としているというものだ。もはや中国を孤立させる必要はなく、仮に孤立させようとしてももはや不可能である。強大な中国はある種の脅威であるかもしれないが、衰退し、秩序を失った、制御不能な中国が及ぼす影響は想像すらできない。二番目が、中国は世界で最も人口の多い国であり、石油・鋼鉄・石炭の消費において世界経済の成長をリードする存在となるであろうというものだ。つまり中国の利益と世界の利益が一致するということである。将来世界は、もはやいかなる方法をもってしても中国を変えることはできず、むしろ中国がいかにして世界を変えていくか、というように変化するであろう。三番目が、中国の伝統的文化は包容を勧めるものであり、中国はあらゆるタイプの社会制度を受け入れ、選択と挑戦を尊重する。また全体の利益を重んじ、社会の利益を個人の利益よりも優先させる国である、というものだ。このような思想的文化は冷戦時代の敵対思考に取って代わり、二一世紀の主流となるであろう。四番目が、中国の発展の道が成功した理由は、今まで中国は他国の発展モデルを模倣したことが無く、また中国の発展の道は他国が決して模倣できるものではない、というものだ。しかしながらそこに含まれる多くの経験は、他国も学ぶ価値があり、参考になりうるものである。

2．中国の特色ある社会主義の実践を基礎とした理論の刷新は、科学的社会主義論に新たな飛躍をもたらした

中国の特色ある社会主義論は、伝統的スタイルから現代的スタイルへと社会主義を飛躍させた。そしてそれは伝統的スタイルが及ぼす保守的な影響から逃れ、社会主義が活気と活力を得るために、また共産党執政国が自国の特色ある社会主義の道を歩むために、科学的指針を与えた。

第一に、マルクス主義とわが国の実際および時代的特徴が結合し、そしてわが国の国情および社会主

義に合致する新しい道を切り開いた。改革開放の新しい時代、中国共産党は「事実に基づいて正しく行う」といった思想路線を一貫して守り、マルクス主義の普遍的真理を中国の具体的実際と結合させ、富強・民主・文明・調和の現代化国家を打ち立てる政治路線を確立した。三〇年に及ぶ中国社会主義の実践の成功は、このような思想路線・政治路線を貫徹する絶大な威力をはっきりと示し、社会主義現代化建設に新たな局面を切り開いた。

第二に、社会主義の本質をはっきりと示し、社会主義社会の生産力発展を指導する新理論を形成した。改革開放の新しい時代、中国共産党の中央指導者たちは一貫して「何が社会主義であり、どのようにして社会主義を打ち立てるか」といった最も重要な基本理論の問題に取り組み、そして「社会主義の本質」を総括した。この総括は伝統的社会主義の本質観を打ち破り、生産力を解放・発展させることが社会主義の根本的かつ最も重要な任務であるということを明確にした。そしてマルクス主義思想書の筆者が指摘している「社会主義は必ず資本主義よりも高い労働生産性を実現しなければならない」といった、最も本質的な属性を強調し、社会主義に対する人々の認識を最大限に高めた。

第三に、社会主義初級段階論を打ち出し、マルクス主義の社会発展段階論を展開した。かつてマルクスやエンゲルスは共産主義社会を「第一段階」と「高級段階」に二分し、またレーニンは社会主義社会を「新しい社会の初級形式」と名づけた。しかし社会主義社会の発展過程におけるいくつかの細かい段階については具体的に触れていない。ソ連、東ヨーロッパ、中国は皆、社会主義発展段階に対する認識において、段階を超越するという過ちを犯した。改革開放の新しい時代、鄧小平は明確に提議している「社会主義自体は共産主義の初級段階であり、しかもわれわれ中国がいるのはこの社会主義の初級段階、つまり未発達段階だ。すべてはこの現実から出発しなければならず、この現実に立って計画を練らねばならない。このことは社会主義の初級段階が伝統的社会主義の過渡期や共産主義の低級段階とは異なっていること、またこの段階において路線・方針・政策の一切を決定する最も現実的な足がかりであることを明確にした。そのため科学的社会主義をもう一度現実に照らし合わせる必要がある」と。

第四に、社会主義を市場経済と結び合わせ、中国の特色ある社会主義市場経済論を形成した。マルクス主義思想書の筆者は、社会主義は必ず計画経済体制を実施すべきであると考えている。計画経済とは社会主義であり、市場経済とは資本主義であるといった伝統的な考え方が、今まで長い間ソ連にはじまり中国にいたるまで存在していた。しかしながら社会主義の発達とともに、この考え方は多くの弊害を生み出した。改革開放の新しい時代、中国共産党は社会主義市場経済論をはっきりと打ち出し、社会主義経済体制の改革目標を明確に定めた。このことは計画経済を社会主義的属性とみなす思想の束縛を完全に断ち切り、今日の中国がいかなる方法、いかなる体制モデルによって経済の現代化を実現するかという重要な歴史的課題に対し全く新しい解決策を与えた。

第五に、所有制の仕組みや分配制度の伝統的観念を打ち破り、公有制を主体とし各種の所有制経済が共に発展する所有制形式およびそれにふさわしい新分配方式を確立した。改革開放以来中国共産党は、生産関連は必ずや生産力に準ずるべきという原理から出発し、所有制と分配方式における誤った認識を打ち破り、そして公有制を主体とし各種の所有制経済が共に発展する基本的経済制度を確立し、また労働に応じた分配を主体とし各種の分配方式が共存する分配制度を打ち立てた。また一部の人間一部の地域が誠実な労働と合法的な経営によってまず豊かになり、「先に富む」ことが「後も富む」ように導き、最終的には「共に豊かになる」といったことを支持すると言い表した。これらは皆、社会主義所有制度・分配制度の大きな進展である。

第六に、時代の流れに合わせて、全方位的対外開放という新たな構想を確立した。平和と発展が時代の主流となる中で中国共産党は、社会主義と資本主義が平和に共存・競合するという考えを打ち出した。これと時を同じくして中国は、全方位的・多層的・広範的対外開放の枠組みを構築し、先進資本主義国の先進的な経営スタイルや生産技術を大胆に吸収し、国際経済界における協力・競争に積極的に関わっていった。また国内外という二つのマーケット、二種類の資源を上手に活用することで社会主義を発展させた。このような考え方はマルクス主義的世界観・歴史観をさらに豊かに発展させていった。

中国の特色ある社会主義論による科学的社会主義のこうした新たな発展は、三〇年近い中国の実践とその成功による模範によって、世界中の人々に中国の特色ある社会主義の活力と威力を示した。そして他の社会主義国家の社会主義に対する認識に変化を引き起こした。貧困は社会主義のせいではない、一日も早く生産力を発展させ、国民の生活水準を引き上げ、共に豊かにならねばならない、このような認識がこの理論を用いて行動することを促し、そして実際に一定の成果を収めさせた。このことは、このような理論の新しい飛躍が、今日の世界中の社会主義にプラスの影響を与えていることをはっきりと証している。

3．中国の特色ある社会主義の偉大なる実践およびその多大な成果は、社会主義の先進性と優越性を明らかに示し、世界中の社会主義の発展に活気を与え、活力をもたらした

一九七〇年代以降、社会主義を発展させていく過程で遭遇する問題に対し、執政党である中国共産党内に二種類の態度が現れた。その一つが盲目的な自信を持ち、伝統を固持し、いままで歩んできた道を貫くという態度。そしてもう一つが積極的に模索し、改革に尽力し、新しい道を選ぶといった態度である。ある国は改革推進の途上で方向転換を図り、執政党はその執政的地位を失い、社会主義はその旗印を失った。一方で中国は改革開放によって新しい道を歩むことに成功し、中国の特色ある社会主義を打ち立てた。ロシア十月革命の勝利が経済や文化の立ち遅れている国々に対し、社会主義の道を歩む手本となったと言えるならば、中国の特色ある社会主義の形成と発展は世界の社会主義に対してだけでなく、冷戦後あらゆる社会制度が共存するこの世界全体に対しても模範を示したと言えるであろう。

新中国成立以来、とりわけ改革開放後の三十数年間、**中国が勝ち取った輝かしい成果は、世界における社会主義の影響力を最大限に高め、社会主義は確かに資本主義より優れ、科学技術と生産力の発展を**

加速させ、国民の暮らしを改善し、社会の二極化を回避し、共に豊かになる社会を実現できるということを世界中に示した。それゆえ社会主義に対する信念はますます強まっていった。中国の成功は多くの発展途上国に社会主義に向かって歩むための団結力、求心力、吸引力を与えただけでなく、元社会主義国家が改めて社会主義を選択・実施する上での良き模範となった。

中国の特色ある社会主義は、現代における科学的社会主義の刷新・発展を実現し、世界の社会主義発展に多くの深遠な啓示を与えた。そのうちの一つが、社会主義の革命にせよ建設にせよ、いずれにしても科学的社会主義の基本原則を一貫して守り、社会主義発展の方向性を堅持する必要があり、また自国の特色を鮮明に反映させなければならないということだ。科学的社会主義の原則を放棄すれば、社会主義を資本主義や封建主義と区別することが困難になり、誤った道を選択することになる。もしこの原則が国情にそぐわないものならば、特色を生み出すことは困難になり、他のさまざまな社会主義と区別がつかなくなってしまい、また当然あるべき活気と活力も失われてしまうであろう。啓示の二つ目が、社会主義の本質と目標は一致しているものだが、実際にそれらを実行する際は科学的社会主義の基本原則を自国の実際と合致させなければならないということだ。その実行モデルは当然さまざまであり、歩むべき道もまたさまざまであるからだ。啓示の三つ目が、経済や文化の立ち遅れた国家が社会主義の建設・基礎固め・発展を行う際には、「発展」によってその優位性を示し、生命力を強化すべきであるということだ。中国の道が世界各国の注目を集めることができた根本的理由はまさに、中国が一貫して「発展は最優先事項」であると心に刻みつけ、「発展」を党の執政・国政の第一任務としてきたからである。人民のための発展、人民による発展、その成果を人民で分かち合う発展を守り抜いたことにより、わが国は社会主義事業発展の目的・理念・方法・原動力などに関する課題を解決し、輝かしい成果を収めることができた。啓示の四つ目が、社会主義を貫徹するためには執政党をしっかりと組織する必要があるということだ。中国共産党による社会主義事業の指導を本当の意味で効果的に行うためには、党による指導を時代に即して変化・改善・発展させ続けなければならない。そして党内部に存在する重大な問題を解決し、自身による党の建設を強化することが必要だ。中国の改革開放が偉大なる成果を収めたことは、党による指導抜きには語れない。中国共産党は成立後九〇年来、とりわけ執政後六〇年来、一貫してマルクス主義的政党論を堅持し、マルクス主義的執政党の本質を守り、党の執政力を高め、党の先進性を維持・発展させるといった課題を解決し、党の建設を強化する一連の独創的理論・観点を形成してきた。このようにして新しい時代環境の下、マルクス主義の政党学説を豊かに展開していった。

三、中国の道、その未来

今後の発展において中国は「中国の道」を歩み続けることが可能か？　これは国内外の学者が皆注目している問題だ。これに対して海外の学者は非常に慎重な見方をしている。その主な理由は、彼らが過去中国に対して行ったさまざまな予測がいまだに実証されていないからである。一九九〇年代欧米のある学者は、ソ連や東ヨーロッパが激変した後、中国もそれに伴って崩壊するであろうと断言したことがある。いわゆる「中国崩壊論」だ。しかし実際はどうであろうか。中国は崩壊するどころか高度経済成長を維持している。また他の学者もこのように断言した。現在ますます強大化する中国は世界に対して脅威となるであろう、と。これは「中国脅威論」と呼ばれている。しかしこれもまた実際には、中国の壮大な発展が世界平和に対する脅威となるどころか、反対に世界平和の最も大事な「守護神」となっている。欧米の学者や政界の要人たちにとって中国の未来は「予測不可能」であり、中国発展の未来に対して正確な予測をすることは非常に困難なことである。

ここ数年、海外メディアは中国式モデルの持続発展の可能性を肯定すると同時に、中国が将来直面するであろう発展の困難についても客観的分析を行っている。例を挙げるとシンガポールの学者鄭永年氏は、将来の中国式モデルは一連の課題を有している、と認識している。同氏は語る。「課題の核心は中国式モデルが持続可能かどうかである。その課題は国内外の両方に存在している。国外の課題とは、中国が世界経済の核心的パワーになった時、世界各国の経済外交政策は皆、中国を最重要テーマとして扱い、対中国経済戦略を打ち立てるであろう。そうなれば中国にとっては巨大な外的圧力となる。また中国国内における課題とは主に、中国経済発展モデルの変革が困難なことである」

フランス国家政治科学基金会国際研究センター中国問題専門家のジャン＝リュック・ドムナック氏

はその著書『気がかりな中国』の中で以下のように述べている。「経済成長を遂げた中国はいまだに〝発展不十分〟な状態から完全に抜け切れていない。中国の教育や科学研究は現代化を必要としており、また中国経済は国際競争の経験が足りない。中国の経済成長は〝浪費〟が多く、資源・環境・社会のコストもかかりすぎている。中国経済はまさに頭上に四本の〝ダモクレスの剣（シラクサ王の廷臣ダモクレスが王者の幸福をたたえたので、王がある宴席でダモクレスを王座につかせ、その頭上に一本の毛で抜き身の剣をつるし、王者には常に危険がつきまとっていることを悟らせたというギリシアの説話にちなむ）〟が吊るしてあるようなものだ。その四本の剣とは農業・国有企業・株式市場・金融である」

二〇〇九年の初め、フランス上院外務国防委員会は中国問題について以下のように報告している。中国の安定と繁栄を肯定すると同時に、中国式モデルの発展に依然として脆いところが存在することも認める。それはチベット自治区や新疆ウイグル自治区などの分裂主義勢力への対処が必要であること、ますますひどくなる貧富の格差を解決する必要があること、日増しに深刻化する就業問題や高齢化問題を直視する必要があること、さらに国際的な外部検証、例えば中国の政治制度や人権問題などに対する指摘等、に対応する必要があること、である。

アメリカの学者は「中国式モデル」の実践においてもいくつかの問題をはらんでいると考えている。例えば重大な環境破壊、貧富間の格差拡大、官僚の腐敗、これらの問題はいまだ食い止められておらず、内需についても有効な打開策が無い。もし中国経済が高度成長を維持できなくなったならば、日ごとに拡大する失業率は未解決の政治・社会問題と相まって、社会の大規模な動揺を招くであろう。さらに他の学者が指摘するように中国式モデルが現在抱えている最大の問題とは、国際社会に認められる価値体系を中国はいまだ本当の意味で構築できていないということであり、しかもこの価値体系は将来、中国の「ソフト・パワー」の重要な要素となりうるものである。

中国が将来直面するであろう発展の機会と課題に対し、中国共産党ははっきりとした認識を持っている。中国共産党第十七回全国代表大会の報告が指摘しているように「新中国成立以来、特に改革開放以来、わが国はたゆまぬ努力によって世界が注目する発展を遂げてきた。そして生産力から生産関連にいたるまで、あるいは経済的土台（下部構造）から上部構造にいたるまで、意義深い重要な変化を与えてきた。しかしわが国はいまだに、そして恐らく長期にわたって、社会主義の初級段階にとどまっているという基本的な国情は変わらない。また日ごとに膨れ上がる国民の物質的需要と後進的社会生産力の間に存在する矛盾、この社会の矛盾も依然として変わらない」。この二つの「変わらない」ことが私たちに告げているのは、中国もやはり発展途上国の一つであり、相変わらず社会主義初級段階にとどまっているということである。中国の特色ある社会主義事業を継続するためには、この社会主義初級段階という現実から始めなければならず、しかもこの現実から逃れることはできない。

二〇一一年七月一日、胡錦涛同志は中国共産党成立九〇周年祝賀大会の講話の中で以下のように指摘している。「現在、世情・国情・党の実情は大きく変化し続けており、わが国の発展における不均衡、不調和、持続不可能といった問題は大変深刻である。科学的発展を制約する体制・仕組み上の障害は避けられず、改革を推し進めることによって解決しなければならない。われわれは党の第十一期中央委員会第三回全体会議において示された路線・方針・政策から離れてはならない。自信を持ち勇気を奮い起こし、改革刷新の精神を国政のあらゆる方面に貫徹し、改革開放を全力で推し進めなければならない。社会主義市場経済の改革のベクトルをしっかりと定め、改革策をさらに科学的にし、協調性を持って改革を実施する。改革開放の突破口をしっかりと見定め、改革開放の要点を明確にし、重点分野およびキーポイントへの改革を時機を失せず推進する。経済体制・政治体制・文化体制・社会体制の改革・刷新を推進し、社会生産力の解放と発展を継続する。わが国の社会主義制度に対する自主的な整備・発展を推進する。科学的発展を阻害する全ての思想・概念および体制・仕組み上の弊害を駆逐し、そして中国の特色ある社会主義事業を推進するために絶大なパワーを注ぎ込む」

＊著者紹介

程 天権（てい てんけん）

中国人民大学教授。中国現代政治、教育制度、法制史の専門家であり、多くの国際会議において中国側代表も務める。中国統一戦線理論研究会副会長、第11回全国政協委員などを歴任。主な著書、編書に「中国民法史」「科学発展観研究」など。

＊監訳者紹介

日中翻訳学院（にっちゅうほんやくがくいん）

日本僑報社が「よりハイレベルな中国語人材の育成」を目的に、2008年9月に創設した出版翻訳プロ養成スクール。

＊訳者紹介

中西 真（なかにし まこと）

1968年兵庫県に生まれる。1992年明治大学を卒業後、住宅機器メーカーに勤務。2013年退職し、2年間の準備期間を経て2015年から本格的に翻訳家としての活動を開始、日中翻訳学院「武吉塾」を受講し現在に至る。主な受賞歴はＮＨＫ World Chineseパーソナリティー大会優勝（2014年）、日中友好協会中国語スピーチコンテスト東京大会弁論の部優勝（2014年）。

日本人には決して書けない中国発展のメカニズム

2015年12月11日　初版第1刷発行

著　者　程 天権（てい てんけん）

監訳者　日中翻訳学院

訳　者　中西 真（なかにし まこと）

発行者　段 景子

発売所　株式会社 日本僑報社

〒171-0021 東京都豊島区西池袋 3-17-15

TEL03-5956-2808　FAX03-5956-2809

info@duan.jp

http://jp.duan.jp

中国研究書店 http://duan.jp

2015 Printed in Japan.ISBN 978-4-86185-143-8　　C0036

2015年刊行書籍

春草
～道なき道を歩み続ける中国女性の半生記～

裘山山 著　于暁飛 監修
徳田好美・隅田和行 訳

中国の女性作家・裘山山氏のベストセラー小説で、中国でテレビドラマ化され大反響を呼んだ『春草』の日本語版。

四六判 448 頁 並製　定価 2300 円＋税
2015 年刊　ISBN 978-4-86185-181-0

パラサイトの宴

山本要 著

現代中国が抱える闇の中で日本人ビジネスマンが生き残るための秘策とは？
中国社会の深層を見つめる傑作ビジネス小説。

四六判 224 頁 並製　定価 1400 円＋税
2015 年刊　ISBN 978-4-86185-196-4

必読！今、中国が面白い Vol.9
中国が解る 60 編

而立会 訳
三潴正道 監訳

『人民日報』掲載記事から多角的かつ客観的に「中国の今」を紹介する人気シリーズ第９弾！　多数のメディアに取り上げられ、毎年注目を集めている人気シリーズ

A5 判 338 頁 並製　定価 2600 円＋税
2015 年刊　ISBN 978-4-86185-187-2

新疆物語
～絵本でめぐるシルクロード～

王麒誠 著
本田朋子（日中翻訳学院）訳

異国情緒あふれるシルクロードの世界
日本ではあまり知られていない新疆の魅力がぎっしり詰まった中国のベストセラーを全ページカラー印刷で初翻訳。

A5 判 182 頁 並製　定価 980 円＋税
2015 年刊　ISBN 978-4-86185-179-7

同じ漢字で意味が違う
日本語と中国語の落し穴
用例で身につく「日中同字異義語 100」

久佐賀義光 著
王達 監修

"同字異義語" を楽しく解説した人気コラムが書籍化！中国語学習者だけでなく一般の方にも。漢字への理解が深まり話題も豊富に。

四六判 252 頁 並製　定価 1900 円＋税
2015 年刊　ISBN 978-4-86185-177-3

夢幻のミーナ

龍九尾 著

不登校の親友のために新学期のクラスで友達を作らず次第に孤立する中学二年生のナミ。寂しさ募るある日、ワインレッドの絵筆に乗る魔女ミーナと出会った。

文庫判 101 頁 並製　定価 980 円＋税
2015 年刊　ISBN 978-4-86185-203-9

現代中国における農民出稼ぎと社会構造変動に関する研究

江秋鳳 著

「華人学術賞」受賞！
神戸大学大学院浅野慎一教授推薦！
中国の農民出稼ぎ労働の社会的意義を、出稼ぎ農民・留守家族・帰郷者への徹底した実態調査で解き明かす。

A5 判 220 頁 上製　定価 6800 円＋税
2015 年刊　ISBN 978-4-86185-170-4

中国出版産業データブック　vol.1

国家新聞出版ラジオ映画
テレビ総局図書出版管理局 著
井田綾 / 舩山明音 訳　張景子 監修

デジタル化・海外進出など変わりゆく中国出版業界の最新動向を網羅。
出版・メディア関係者ら必携の第一弾、日本初公開！

A5 判 248 頁 並製　定価 2800 円＋税
2015 年刊　ISBN 978-4-86185-180-3

2014 年刊行書籍

NHK特派員は見た
中国仰天ボツネタ＆㊙ネタ

加藤青延 著

中国取材歴 30 年の現 NHK 解説委員・加藤青延が現地で仕入れながらもニュースにはできなかったとっておきのボツネタを厳選して執筆。

四六判 208 頁 並製 定価 1800 円＋税
2014 年刊 ISBN 978-4-86185-174-2

「ことづくりの国」日本へ
そのための「喜怒哀楽」世界地図

関口知宏 著

鉄道の旅で知られる著者が、世界を旅してわかった日本の目指すべき指針とは「ことづくり」だった！「中国の『喜』」「韓国の『怒』」などそれぞれの国や人の特徴を知ることで、よりよい関係が構築できると解き明かす

四六判 248 頁 並製 定価 1600 円＋税
2014 年刊 ISBN 978-4-86185-173-5

必読！今、中国が面白い Vol.8
中国が解る 60 編

而立会 訳
三潴正道 監訳

『人民日報』掲載記事から多角的かつ客観的に「中国の今」を紹介する人気シリーズ第 8 弾！ 多数のメディアに取り上げられ、毎年注目を集めている人気シリーズ

A5 判 338 頁 並製 定価 2600 円＋税
2014 年刊 ISBN 978-4-86185-169-8

中国の " 穴場 " めぐり
ガイドブックに載っていない観光地

日本日中関係学会 編著

中国での滞在経験豊富なメンバーが、それら「穴場スポット」に関する情報を、地図と写真、コラムを交えて紹介する。

A5 判 160 頁 (フルカラー) 並製 定価 1500 円＋税
2014 年刊 ISBN 978-4-86185-167-4

日本の「仕事の鬼」と中国の < 酒鬼 >

冨田昌宏 著

鄧小平訪日で通訳を務めたベテラン外交官の新著。ビジネスで、旅行で、宴会で、中国人もあっと言わせる漢字文化の知識を集中講義！

四六判 192 頁 並製 定価 1800 円＋税
2014 年刊 ISBN 978-4-86185-165-0

大国の責任とは
～中国平和発展への道のり～

金燦栄 著
本田朋子（日中翻訳学院）訳

中国で国際関係学のトップに立つ著者が、ますます関心が高まる中国の国際責任について体系的かつ網羅的に解析。世界が注視する「大国責任」のあり方や、その政策の行方を知る有益な 1 冊 .

四六判 312 頁 並製 定価 2500 円＋税
2014 年刊 ISBN 978-4-86185-168-1

中日　対話か？　対抗か？
日本の「軍国主義化」と中国の「対日外交」を斬る

李東雷 著　笹川陽平 監修
牧野田亨 解説

「日本を軍国主義化する中国の政策は間違っている」。事実に基づき、客観的かつ公正な立場で中国の外交・教育を「失敗」と位置づけ、大きな議論を巻き起こした中国人民解放軍元中佐のブログ記事を書籍化。

四六判 160 頁 上製 定価 1500 円＋税
2014 年刊 ISBN 978-4-86185-171-1

「御宅（オタク）」と呼ばれても
第十回中国人の日本語作文コンクール受賞作品集

段躍中 編

今年で第十回を迎えた「中国人の日本語作文コンクール」の入選作品集。日本のサブカルの " 御宅 (オタク)" 世代たちは「ACG（アニメ、コミック、ゲーム）と私」、「中国人と公共マナー」の２つのテーマについてどのように考えているのか？

A5 判 240 頁 並製 定価 2000 円＋税
2014 年刊 ISBN 978-4-86185-182-7

2013年刊行書籍

新結婚時代

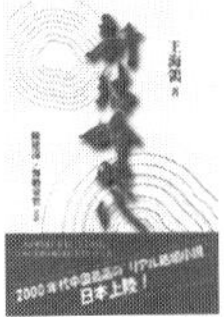

王海鴿 著
陳建遠 / 加納安實 訳

中国の現代小説を代表する超ベストセラー。都会で生まれ育った妻と、農村育ちの夫。都市と農村、それぞれの実家の親兄弟、妻の親友の不倫が夫婦生活に次々と波紋をもたらす

A5 判 368 頁 並製 定価 2200 円＋税
2013 年刊 ISBN 978-4-86185-150-6

中国漢字を読み解く
～簡体字・ピンインもらくらく～

前田晃 著

簡体字の誕生について歴史的かつ理論的に解説。三千数百字という日中で使われる漢字を整理。初学者だけでなく、簡体字成立の歴史的背景を知りたい方にも最適。

A5 判 186 頁 並製 定価 1800 円＋税
2013 年刊 ISBN 978 4 86185-146-9

必読！今、中国が面白い 2013-14
中国が解る 60 編

而立会 訳
三潴正道 監訳

『人民日報』掲載記事から多角的かつ客観的に「中国の今」を紹介する人気シリーズ第 7 弾！ 多数のメディアに取り上げられ、毎年注目を集めている人気シリーズ

A5 判 352 頁 並製 定価 2600 円＋税
2013 年刊 ISBN 978-4-86185-151-3

中国の未来

金燦栄 著
東滋子（日中翻訳学院） 訳

今や GDP 世界第二位の中国の未来は？
国際関係学のトップに立つ著者が、
ミクロとマクロの視点から探る中国の真実の姿と進むべき道。

四六判 240 頁 並製 定価 1900 円＋税
2013 年刊 ISBN 978-4-86185-139-1

夫婦の「日中・日本語交流」
～四半世紀の全記録～

大森和夫・弘子 編著

「日本で学ぶ留学生や、海外で日本語を学ぶ一人でも多くの学生に、日本を好きになってほしい」。そんな思いで、49 歳で新聞社を辞め、夫婦で日本語の学習情報誌「季刊誌『日本』」を発行。夫婦二人三脚 25 年の軌跡。

A5 判 240 頁 並製 定価 1900 円＋税
2013 年刊 ISBN 978-4-86185-155-1

大きな愛に境界はない
―小島精神と新疆 30 年

韓子勇 編
趙新利 訳

この本に記載されている小島先生の事跡は、日中両国の財産であり、特に今の日中関係改善に役にたつと思う。
―日本語版序より

A5 判 180 頁 並製 定価 1200 円＋税
2013 年刊 ISBN 978-4-86185-148-3

中国都市部における中年期男女の夫婦関係に関する質的研究

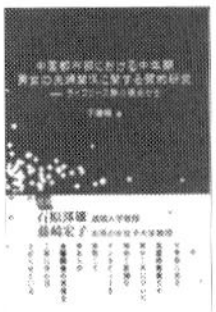

于建明 著

石原邦雄成城大学教授 推薦
藤崎宏子お茶の水女子大学大学院教授 推薦

中年期にある北京の男女三十数ケースについて、極めて詳細なインタビューを実施し、彼女らの夫婦関係の実像を丁寧に浮かび上がらせる。

A5 判 296 頁 上製 定価 6800 円＋税
2013 年刊 ISBN 978-4-86185-144-5

中国は主張する
―望海楼札記

葉小文 著 多田敏宏 訳

「望海楼」は人民日報海外版の連載中コラムであり、公的な「中国の言い分」に近い。著者は日本僑報社の事情にも詳しく、「中国の言い分」を知り、中国を理解するための最高の書。

A5 判 260 頁 並製 定価 3500 円＋税
2013 年刊 ISBN 978-4-86185-124-7